蛭川久康
Hirukawa Hisayasu

スランゴスレン村の貴婦人
隠棲する女同士の風景

国書刊行会

北ウェールズ、スランゴスレンの町に残るプラース・ネウィズ。二人の貴婦人、エレナー・バトラーとセアラ・パンスンビーの旧庵は、いまは記念館として一般に公開されている。背後の山頂にはディナス・ブラン城（13世紀）の廃墟がある。

スランゴスレンのロイヤル・ホテルの玄関ホールにかかるエレナー・バトラー（右）とセアラ・パンスンビー（左）の肖像。メアリ・パーカー画。

スランゴスレンの聖コレン教会の墓地に立つ二人の貴婦人と忠実な女中メアリ・キャリルの墓。

スランゴスレン村の貴婦人

——隠棲する女同士の風景——

目次

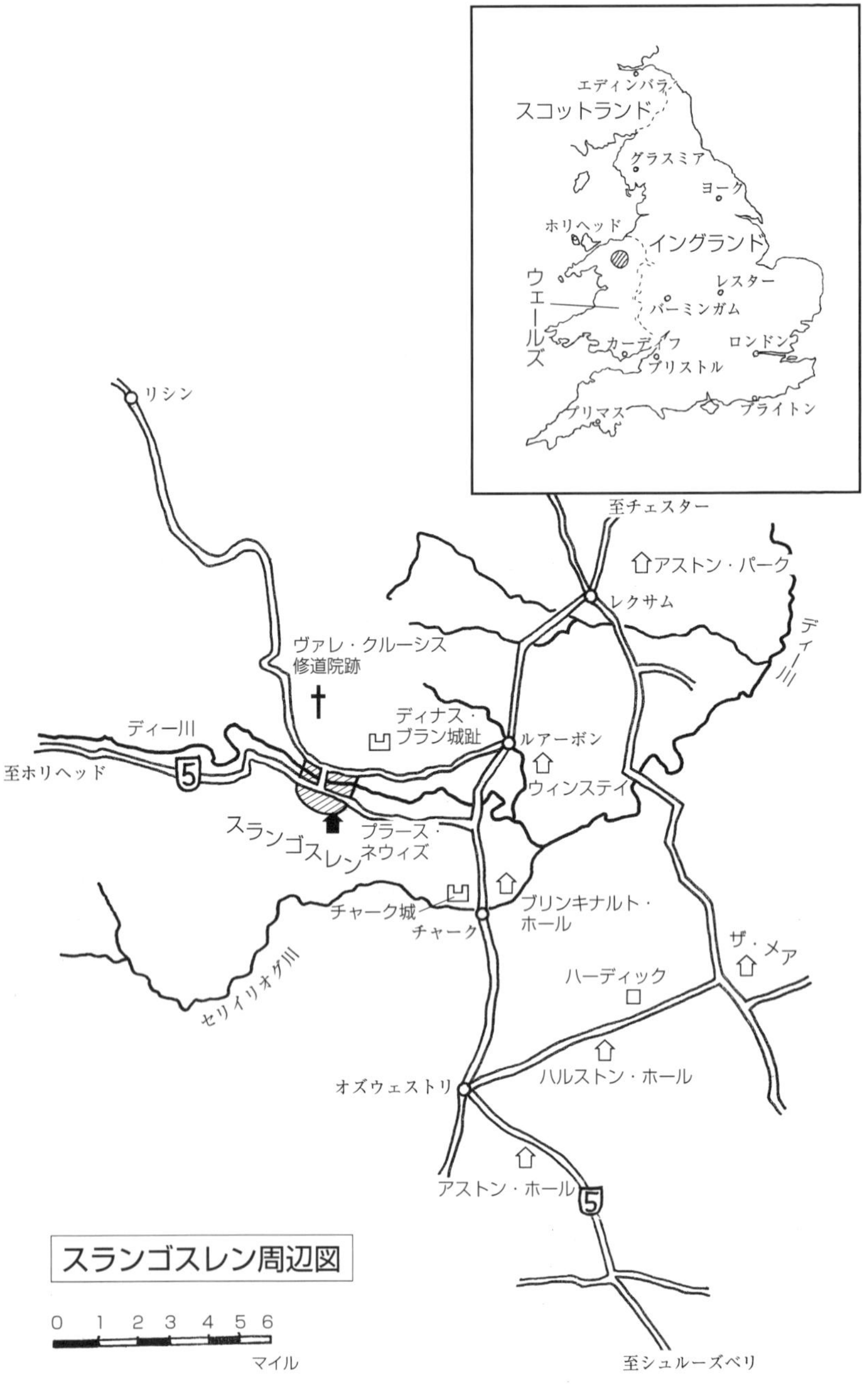
エディンバラ
スコットランド
グラスミア
ヨーク
ホリヘッド
イングランド
ウェールズ
レスター
バーミンガム
カーディフ
ロンドン
ブリストル
プリマス
ブライトン
リシン
至チェスター
アストン・パーク
レクサム
ディー川
ヴァレ・クルーシス
修道院跡
ディナス・
ブラン城趾
ディー川
ルアーボン
至ホリヘッド
5
ウィンステイ
スランゴスレン
プラース・
ネウィズ
チャーク城
ブリンキナルト・
ホール
チャーク
ザ・メア
ハーディック
セリイリオグ川
オズウェストリ
ハルストン・ホール
アストン・ホール
5
スランゴスレン周辺図
0 1 2 3 4 5 6
マイル
至シュルーズベリ

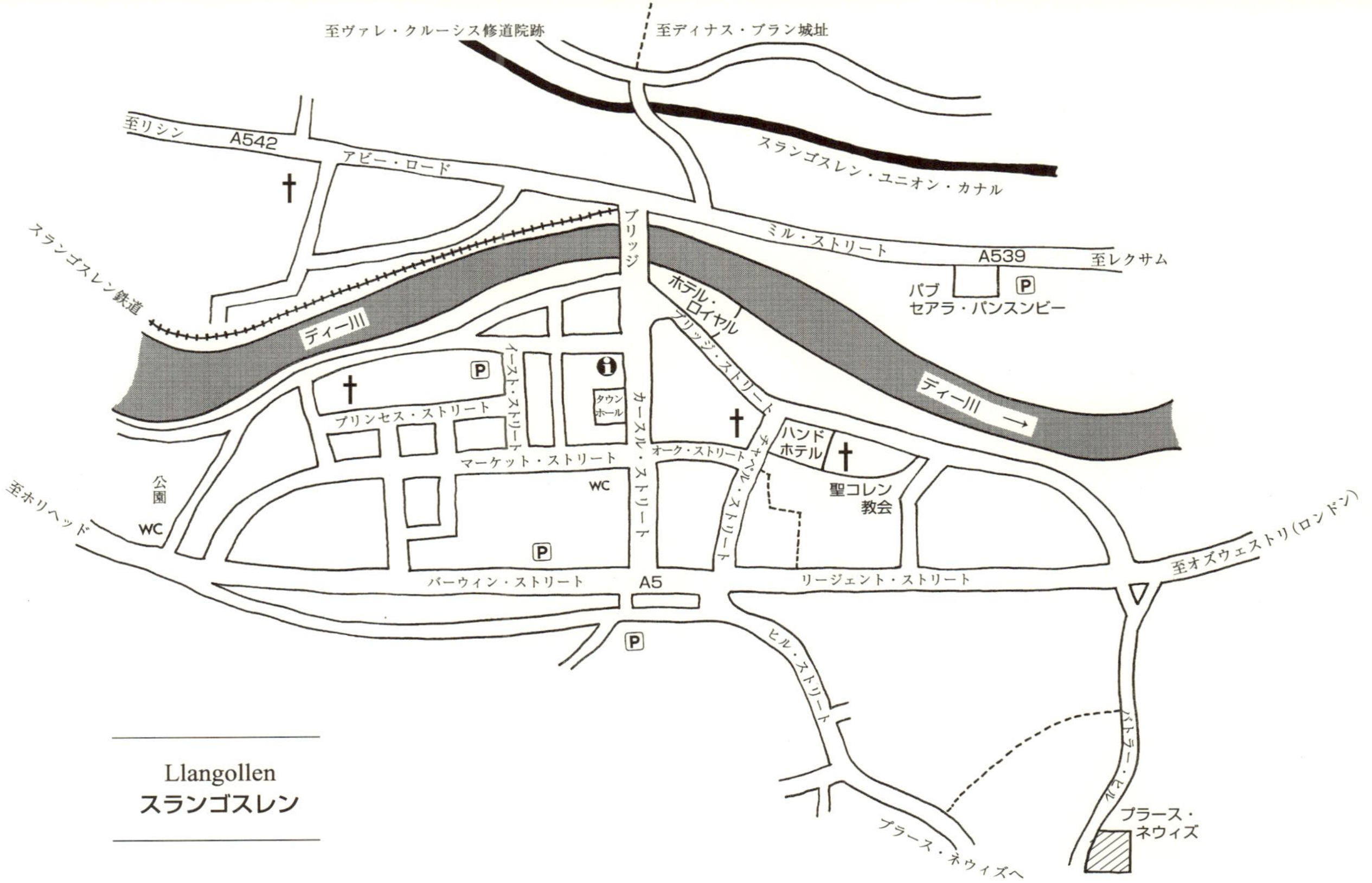
Llangollen
スランゴスレン
至ヴァレ・クルーシス修道院跡
至ディナス・ブラン城址
スランゴスレン・ユニオン・カナル
至リシン
A542
アビー・ロード
スランゴスレン鉄道
ブリッジ
ミル・ストリート
A539
至レクサム
パブ
セアラ・パンスンビー
ディー川
ホテル・ロイヤル
ブリッジ・ストリート
ディー川
タウンホール
イースト・ストリート
プリンセス・ストリート
カースル・ストリート
オーク・ストリート
チャペル・ストリート
ハンドホテル
聖コレン教会
マーケット・ストリート
WC
公園
WC
至ホリヘッド
バーウィン・ストリート
A5
リージェント・ストリート
至オズウェストリ(ロンドン)
ヒル・ストリート
バトラー・ヒル
プラース・ネウィズ
プラース・ネウィズへ

無為なる時ほど無為ならざるはなく、
また独り在る時ほど独りならざるはなし。
——キケロ『義務論』第三巻、一、一——

はじめに

一八世紀の後半、アイルランド貴族出身の二人の女性が一見奇矯とも思える友情に結ばれて郷里を離れ、国を捨て、北ウェールズの小村スランゴスレンに新天地を求めた。

貴婦人の名はレディ・エレナー・バトラー、もう一人をミス・セアラ・パンスンビーといった。三九歳と二三歳、いずれも独身だった。二人は一七八〇年から一八三〇年頃までの五〇年間をスランゴスレンの田舎家で無二の親友として暮らした。その共同生活は、上流階級という体面を重んじる周囲の猛反対にもめげず、出奔という強硬手段によって達成されたことだけに、時に「ロマンティックな友情」に支えられた高雅な隠者のそれと評されることもあれば、時に「レズビアンの奇妙な二人所帯」という好奇の目にさらされることも、あるいは、時流に抗した自立する同志愛に結ばれた生活者と受け取られることもあった。

二人が、毀誉褒貶の渦中にありながら、さまざまな分野の多数の著名人の好奇を越えた敬愛と感謝を長年にわたって享受しえたことの謎、名家の出自という、一般には富裕・洗練・脆弱を予想させる貴婦人のなかに、意外にも清貧としたたかさが同居していたらしい事実、辺境の地に唐突に現出した文芸サロンなど、ジョージアンと摂政時代のイギリスの想像力を捉えた二人は、いまもってわれわれの関心を惹きつけるに十分である。

主要な舞台は北ウェールズのディー川[*1]渓谷の村スランゴスレン。その南岸の小高い丘に二人が見つけた一軒の田舎家プラース・ネウィズ。古来ここは辺境の地として、スコットランドの辺境地方と同様、歴史が深く刻まれた土地、同時に渓谷美によって広く知られた景勝の地でもある。自然と歴史、強い喚起力をもつこの地の個性は、多くの人をここに集め、魅惑してきた。

しかし、一八世紀前半、ウェールズの地はまだイングランドの人々にとって粗野な異郷の地でしかなかった。風景を、文学を、史跡を求めて、行楽の旅をするものはほとんどだれもいなかった。しかし、世紀が後半に入って、七〇年代、八〇年代になると、ウィリアム・ギルピン(一七二四―一八〇四)やトマス・ペナント(一七二六―九八)らがウェールズを旅して、その風景にピクチャレスクの美を発見し、ウェールズの自然と歴史と民俗を記録にとどめた頃から、この「異郷の地」はにわかに強い好奇と関心の対象となり始めた。――聳え立つ山容、深い神秘的なオークの森、爽やかな谷間に、クロード・ロラン(一六〇〇―八二)やサルヴァトーレ・ローザ(一六一五―七三)の絵画に通じる古典的で理想化された風景美を求めて、詩人や作家や画家を始め多くの人がウェールズの旅に出た。旅は時代の流行となる。

トマス・ペナントは、サミュエル・ジョンソン(一七〇九―八四)から「これまでにない最高の旅行作家だ」と評されたが、ピクチャレスクな風景美を愛でるにはスランゴスレンをおいてほかにない、と書いた。ずっと後のことになるが、ジョージ・ボロー(一八〇三―八一)がウェールズの探訪を決めたとき、旅の起点と終点に選んだのがスランゴスレン村であった。あるいはフランスが生んだ最大のイギリス研究者、ルイ・カザミヤン(一八七七―一九六五)は大著『大英国――歴史と風景』(一九三四)において、さすがにと言うべきか、このスランゴスレンについて短いながら的確な言葉を残した。

さらに南へ行くと、ディー川の上流へ、そしてウェールズの中でも最も快い町、スランゴスレンへ到着する。観光客はここで、何よりもまず、二つのものを探し出そうとする。(中略)一四世紀の古い橋と、プラース・ネウィズとである。後者は、入念に飾られた壁と、いかにも愛想よさそうな玄関とを備えた、屋根の低い家であり、刈り込まれた櫟と堂々たる大枝の茂みの間から、丘陵の麓に鮮やかな輪郭を描いている。そこでは、昔、二人の「スランゴスレンの貴婦人」が、有名人たちの訪問を受けたり、俗人たちに変わり者呼ばわりされながら、半世紀もの間、一緒に生活していた。だが彼女たちは、社交界より、むしろ自由と隠遁を好む大胆さ、および友情の中にのみ何か生を満たしてくれるものを見出す大胆さを、持ち合わせていたのではなかろうか？（手塚リリ子・石川京子訳）

どうやらスランゴスレンの「地霊《ジーニアス・ローサイ》」はウェールズのなかにあって格別の磁力を発揮するものらしい。このことは本書の課題にとって直接重大である。

批評家・随筆家として著名なウィリアム・ハズリット（一七七八—一八三〇）も「ウェールズ発見」の旅をおこなった。彼は旅の達人だった。一人だけの徒歩旅行を賛美しながら、それが約束してくれる至福の時間を極上のエッセイ（『卓上談義』、一八二二）に仕立てた。ハズリットは、旅の忘れえぬ思い出として、「国境」を越えて、スランゴスレン村の旅籠に宿泊した時のことを、幸福感あふれる筆致で綴った。一日の旅装をといて、楽しみにしていた「シェリと鶏の冷肉」の夕食をとりながら、「とっておき《ボン・ブー》の珍味《シュ》」として取り出したのは、『新エロイーズ』（一七六一）だった。それは一七九八年四月一〇日、二〇歳の誕生日のことだったとハズリットは明記する。

このとき、ハズリットが村一番の老舗「ハンド亭」（じつは後述するように貴婦人とも浅からぬ関係があった旅籠）に投宿して読み耽ったのは、サン・プルーがジュリに宛てた書簡（『新エロイーズ』第一部、書簡二三）だった。青年家庭教師が、サン・レマン湖に近いヴォー地方のジュラ山塊からの崇高なアルプスの風景を眼前にした時の若々しい感慨を綴った文に接しながら、ハズリットは陶然たる思いに捉られたにちがいない。同時に、ハズリットの心中には、彼が大きな感化を受けたコールリッジ（一七七二―一八三四）の詩『過ぎ行く年に寄せる頌』（一七九六）に謳われた、清純・豊饒な「母なる島国、アルビオン」（第七聯）のイメージが緩やかに揺曳していたにちがいない。しかし、ハズリットは、同時代人としての二人の貴婦人とこのときこれほど至近距離（彼の旅籠から彼女たちの田舎家まで歩いて一五分くらいである）に身を置きながら、なぜか一言の言及もしていない。

ただし、その風景美については、右に触れたコールリッジの詩行をまじえながら、こんなふうに書いた。

スランゴスレンに通じる道はチャークとレクサムの間で脇道にそれて、それからしばらく行くと、突然目の前にちょうど半円形野外劇場のように渓谷がひらける。荒涼たる丘陵が両岸に堂々と聳え、「緑の台地に」麓の「羊の鳴き声がこだまして」、ディー川が谷あいの岩の上を泡立つ勢いで流れ、渓谷は「陽光をいっぱいに浴びて緑にきらめき」、芽吹いたトネリコが柔らかい枝を急流にひたしている。すばらしい眺めをほしいままにする山道をコールリッジの詩句をくちずさみながら散策することは、なんと誇らしく、なんと喜びにあふれていたことか！　しかも、足下にひろがる眺望にくわえて、わが心の目には、「自由」、「天才」、「愛」、「美徳」の四語の世界が展開する。

そして後年、さらにハズリットはコールリッジとの出会いの頃を回想したエッセイ（『ザ・リベラル』所収、一八二三）で、スランゴスレン滞在の際の霊的啓示を、「あの渓谷は（ある意味で）わたしにとって新しい存在の揺籃であった。渓谷を蛇行する流れのなかで、わたしの精神はヘリコーン山の泉水によって洗礼を受けたのだった」と書いた。言うまでもなく、ヘリコーン山はギリシャ中東部のボイオティア地方の山塊で、古代には薬草の産地として知られたが、それにもまして、アポロやミューズの住む山々として名高く、そこにあるヒポクレーヌとアガニッペのふたつの泉は詩人の霊泉とされた。

こうした古典的な連想を誘うスランゴスレンの魅力はそのままそっくり貴婦人にとっても大きな魅力であっただろう。フランス仕込みの教育を受け、古典的素養をたっぷり身につけ、ルソー、なかんずく『新エロイーズ』を愛読した貴婦人が出奔の後の新天地にスランゴスレンを選択したことと、ハズリットが『新エロイーズ』を携えてスランゴスレンへ旅したことは、たんなる偶然ではない。これは、土地が人間にいかに甚大な感化力を及ぼしえるか、一冊の書物がいかに広範かつ持続した影響力を持ち得るかの証だからである。

本書は、現存する二人の日誌・書簡類をもとに、結婚より自由を、富裕より清貧を、社交より孤高を、安定より波乱を選択して、女同士の友情のなかに精神の自在の領域を切り開くことができた二人の貴婦人の希有な肖像を時代相を背景に描こうとする。

全体を八章構成にし、まず貴婦人の出奔の経緯（第一章）を明らかにし、次に貴婦人の選択した自律的生き方がどこまで時代とかかわりあったのかを、「ロマンティックな友情の流行」と小説『千年紀館《ミレニアム・ホール》』（第二章）、『新エロイーズ』とブルーストッキング派（第三章）などの諸相を手掛かりに考察する。続く三つの章では、貴婦人が送ったスランゴスレン村での「晴耕雨読の日々」を現存する『ハムウッド手稿』[*2]を主資料に扱う——移り変わる四季の表情に感応する柔らかい精神と千客万来の日々と遠出する社交（第四章）、貴婦人の素顔がうかがえる、日常身辺に生起したさまざまなエピソード（第五章）、一転して貴婦人がジョージ三世の狂気とフランス革命をめぐって垣間見せた強い政治的関心（第六章）を扱う。第七章では、詩人ウィリアム・ワーズワス（一七七〇—一八五〇）とアナ・シィーウォド（一七四二—

一八〇九）に謳われたプラース・ネウィズを、そして最終章では、ウォルター・スコット（一七七一―一八三二）が目撃した「老女たち」の姿をまじえながら、二人の貴婦人の最晩年と死をたどる。

肖像作成の作業を進めながら、多少なりとも「地霊」に触れることを願って、現地に足を運んだ。プラース・ネウィズを訪れ、渓谷を歩き、教会墓地に立ち、老舗の旅籠「ハンド亭」に宿泊した。貴婦人が親交を結んだチャーク城など、スランゴスレン周辺の城館・屋敷にも可能な限り立ち寄った。このようないわゆる現場主義を盲信することは危険だが、旅の成果がたんなる観光案内に終わるものでないことも確かであろう。「磁力」のように固有の喚起力を放つスランゴスレンの空気に触れる行為は、資料への想像力を高め、洞察力を強化し、旅人の蒙を啓いてくれるはずである。この作業はスランゴスレンが誇る文化遺産の検証と目録の整備・充実にも資することになろう。

第一章　貴婦人の出奔

❖ アイルランドの二つの「場所」

レディ・エレナー・バトラーは一七三九年生まれ、アイルランドのキルケニー州ギャリリッケンに本邸を構えるアイルランド有力貴族の出身である。ギャリリッケンは州都キルケニーの南西およそ二〇キロ、スリーヴナモン山（七一九メートル）を望む、隣州ティペラリーとのほとんど境界線上にある、緑濃い小村である。バトラー一族ゆかりの旧跡は、キルケニー、ティペラリー両州を中心に島の各所に現存するが、このギャリリッケン・ハウスもそのひとつということができる。

しかし、エレナーが生まれたのは、このギャリリッケンの村でも、後にバトラー家の第二の本邸となるキルケニー城でもなかった。彼女の誕生は、北フランスの高級リンネルを産する紡績の町として、その地名がcambricと普通名詞化されるほどに有名なカンブレの町にあるイギリス・ベネディクト派修道院であった。[*1]

バトラー一族は、アイルランドの有力者がしばしばそうであるように、アングロ=アイリッシュの地主の末裔で、長い伝統を受け継ぐ代々が熱烈なカトリック信者の一門だった。その遠い祖先には、すでにヘンリー一世の時代に、バトラーの氏族名が意味するように、国王付きの「執事」の要職にあった名士がいたという。長い歳月のうちに、バトラー一族は、強力な族長と姻戚関係を結び、名家と名家の結合と莫大な財産の相続を繰り返しながら、この国土に広く深く根をおろし、ときには自らがアイルランドの歴史の一頁にさえなったのだった。

そうした意味で、一族のなかで最初に名誉と権勢を獲得したのは第二代オーモンド公爵、ジェイムズ・バトラー（一六六五―一七四五）であった。はじめてジェイムズ・バトラーが歴史の前面に登場するのは、史上名高い一六八五年のモンマス公（一六四九―八五）の反乱の時だった。ジェイムズ二世に抗して、チャールズ二世の庶子モンマス公が王位を争った事件の時だった。結局、公は捕らえられ処刑されたが、このとき、国王の侍従の地位にあったジェイムズ・バトラーは、反乱軍鎮圧のために国軍を指揮した。つまりジャコバイトとしてその名将ぶりを発揮したのだった。

今日、ロンドンのナショナル・ポートレート・ギャラリーにあるM・ダール（一六五九―一七四三）が描いた肖像画を見ると、高位貴顕を示す派手やかな胴鎧と袖鎧を身にまとい、その上に、これも高位貴顕の象徴である貂の毛皮の外衣を打ち掛け、面兜を脇の台においている。片手を帯に添え、もう片方の手に指揮杖を握り締めている。堅く結ばれた口、前方を凝視する、強固な精神を宿すまなざし。いかにも自信と威厳にあふれた偉丈夫な武者姿が圧倒的な印象をもって迫ってくる。

一六八九年二月、ウィリアム三世、メアリー二世の戴冠式が挙行されたとき、ジェイムズ・バトラーは、従来のジャコバイト派の立場から一転して、有能ぶりを発揮したというべきか、あるいは変わり身の早さを証明したというべきか、ロード・ハイ・コンスタブルとして、すなわち国家的行事に際して特別に任命される侍従武官長という戴冠式の要にあたる重職を務め上げた。

そして、その翌年、アイルランド東部で同国の歴史上天下分け目の決戦といって過言でない、史上有名なボイン川の合戦が戦われたとき、ジェイムズ・バトラーは英近衛騎兵隊の指揮官を務めた。ジェイムズ二世には、革命でフランスに逃れていたとはいえ、アイルランドのイギリスからの解放のための熱い期待が、アイルランド・カトリック信者から寄せられていた。その期待を背景に、ジェイムズ二世は一六八九年三月、ルイ一四世から提供されたフランス軍を率いて、アイルランドの南東部の海岸町キンセールに上陸していた。ボイン川の合戦はアイルランド国内のステュアート朝支持勢力の命運がかかった戦いだった。戦闘はジェイムズ・バトラーの率いる英軍の勝利に終わった。そしてアイルランド内のジャコバイト勢力はほぼ根絶された。彼はキルケニー城に国王を迎え、盛大な宴を催して、あらためて忠誠心を誇示したのだった（後にこの城はバトラー一族の本拠となって、この物語に浅からぬ因縁をもつ）。次いでアン女王の治世下、ジェイムズ・バトラーはアイルランド総督兼英軍総司令官に就任した。

しかし、次のジョージ一世からはおおかたの予想に反して疎んじられ、一七一五年、イギリスでジャコバイトの大規模な蜂起が起こると、バトラーの若王位僭称者（ジェイムズ二世の孫）とのかかわりが公然と取り沙汰されはじめ、その年の夏には公職追放、私権剝奪の憂き目にあい、かつ所領は没収された。彼はフランス、アヴィニオンに逃れ、その地で客死、遺体はウエストミンスター寺院に葬られた。バトラーの変節は、もしかしたら、宗教的対立をかかえこむイギリスとアイルランドという二国を同時に祖国にしなければならなかった者のもっとも現実的な処世であったのかもしれない。

アイルランドにおけるカトリック信者は、イギリスによる強引な対アイルランド英国化政策が浸透するにつれて、数々の政治的・経済的・社会的制裁を甘受しなければならなかった。有力者であればあるほど風当たりは強かった。一七〇三年の『刑罰法典』は一連のローマカトリック教徒にたいする差別法のひとつであり、事実上一切の市民権を奪い、ローマカトリックの礼拝を厳罰に処するものであった。ティペラリー州知事まで務めた名家も、新興プロテスタントの地主階級の前に、たとえ一時的とはいえ歴史の表舞台から立ち退かなければならなかった。バトラーの名は一時公職から完全に姿を消した。制裁が多少とも緩むのは世紀の後半、それも末のことであった。

この頃、多くのアイルランドのローマカトリック信者が刑罰法を逃れるため、フランスに渡り、アヴィニオン、ドゥエー、カンブレなどに難を避けた。なかでも北フランスのドゥエーはアイルランドばかりか英国から追放されたカトリック教徒の宗教的・政治的中心地となっていた。ギャリリッケンのバトラー家はジャコバイトを信奉する大伯母を頼って、カンブレに避難した。こうしてエレナーは、冒頭述べたように、一七三九年、この町のイギリス系ベネディクト派慰めの聖母マリア修道院でこの世に生を受けたのであった。

エレナーの父は第一六代オーモンド伯、ウォルター・バトラーで、右に述べた第二代オーモンド公爵ジェイムズ・バトラー唯一の直系であった。母はエレンといって、ティペラリー州の郷士ニコラス・モリスの娘だった。つまり両親とも地方支配階層の出身だった。そしてエレナーには後に第一七代オーモンド伯となる一歳年下の弟ジョン（一七四〇—九五）と二人の姉スーザンとフラーンシィスがいた。二人ともカーロー州のやはり郷士キャヴァナ一族に嫁いだ。一七九一年ジョンが伯爵位を回復すると、その時点で三人姉妹は名実ともにレディの敬称をもって呼ばれる貴婦人の身分になった。なおバトラー家はおよそ五五〇年間所有したキルケニー城を一九六七年、第二四代オーモンド伯アーサー・バトラーの時代に町に譲与し、次代に後継者なく、名門の歴史に幕を下ろした。

もう一人の貴婦人、ミス・セアラ・パンスンビーは一七五五年シャンブル・ブラバゾン・パンスンビーの娘としてこの世に生を受けた。バトラー一族と同様、パンスンビー一族もまた英国からの有力な移住貴族だった。もともとカンバーランドの郷士を祖先とし、クロムウェルによるアイルランド西征の軍に加わり、その勲功によりティペラリー州のシュイール峡谷沿いの、農民から没収した土地を与えられた。やがて一族の忠誠と政治的才覚が認められて、侯爵位を、ついでベスバラ伯爵領を下賜された。

セアラ・パンスンビーが生まれたのは、この有力貴族の分家にあたる一家で、祖父ヘンリー・パンスンビーは一八世紀半ばフランドル各地を転戦して、名将の誉れ高かった将軍である。父シャンブルも軍人であったが、こちらのほうは副官であったことが記されているだけで、さしたる武勲があったとは思われない。それより記すべきことは、あまり幸福でない結婚を三回試みた勇者（？）だったということだろう。六年続いた最初の結婚で一男三女をもうけることができたが、娘一人をのぞいて、子供達に先立たれてしまった。二人目の妻ルイーザは一七五五年娘を産んで、三年後に亡くなった。

この三歳にして母親と死別した幼女こそ、われわれの女主人公セアラである。父シャンブルの三人目の相手はメアリ・バーカーだった。一七六二年、彼はこの世を去った。あとには七歳のセアラと腹違いの姉と弟が残された。未亡人となった継母はサー・ロバート・ステイプルズと再婚するが、この貴族との結婚も束の間、わずか六年後には、つまりセアラが一三歳の時、死んでしまった。継父ロバートは孤児となったセアラを養育する関心をもたず、やむなくセアラはウッドストックの領主サー・ウィリアム・ファウンズ家に預けられることになった。父の従姉妹の嫁ぎ先だったからである。ファウンズ夫人（レディ・エリザベス・ファウンズ）はこの孤児をミス・パークの経営するキルケニーの「若い婦人のための私塾」に入学させた。この入学は教育を目的にしたというより、なにかしら胡散臭い目付きのサー・ウィリアム・ファウンズの前からこの少女を遠ざけるためだった。やがて夫人のこの直感は的外れではないことが不幸にも証明されるのだが。

わずか生まれて一三年間のうちに、母を失い、父を失い、真の情愛を通わせる間もなくふたりの継母を相次いで失い、あげくの果てに孤児の身となったセアラは、あまりにも幼くして孤独とか疎外とか沈

イニスティーグ村の高台に残るウッドストック・ハウスの廃墟。タイ一族の居館で、セアラ・パンスンビーは1770年代後半ここに暮らした。1920年ころ火災のため焼け落ちた。

キルケニーの町に威容をみせるキルケニー城。築城の最初の記録は12世紀末、1392年以降歴代オーモンド家の居城となり、アイルランド史のかずかずの舞台となった。

黙とか酷薄とかの言葉の本当の意味を知ってしまったのだった。おそらくいたいけなセアラにとって、評判のよかったミス・パークの寄宿学校は、寂しさと不満はあったにしても、それまでよりずっとましなこの世の「避難所」と思われただろう。

ウッドストックはキルケニーから二〇キロほど南東にある小村イニスティーグのはずれにあるカントリー・ハウスである。広大な五〇〇エーカーの領地にはブナ林が展がり、蛇行するノア川があたりの田園風景をいっそう引き立てていた。エレナー・バトラーの屋敷ギャリリッケンからもそう遠く隔たっていなかった。直線距離にして三〇キロくらいであろうか。ふたりの貴婦人の「場所」は、州こそちがえ、運命の偶然というにふさわしく、すでに至近距離にあったのである。

やがて、ふたつの「場所」はキルケニーの町に収斂される。エレナー・バトラーのキルケニー城とセアラ・パンスンビーのキルケニー寄宿学校という風に。両者が出会うのはもう時間の問題だった。

❖ 出会い――一七六八年の復活祭

キルケニーの町は首都ダブリンから一〇〇キロばかり南東に位置する、起源を一二世紀以前にさかのぼる、アイルランドでも屈指の古都である。人口こそ一万人前後という地方都市にすぎないが、バトラー家の本拠としてゆかりある城と聖堂を擁する町である。また良質の石灰岩の産地としても国の内外に知られ、「大理石の町」の別称をもつ。一八世紀、ここを訪れた人々が、「王国でもっとも魅力的な町」、「もっとも活気ある興味惹かれる内陸部の町」などと賛辞を惜しまなかった反面、「芝土と藁でできた家並みがつづく狭い薄汚い町」、「馬鈴薯掘りの仕事を求める農民の群れが目につく町」などと言われもした。

しかし、キルケニーの町の中心部を走るハイ・ストリート界隈には、タウン・ホールをはじめジョージ王朝風の瀟洒な建物が多かった。社交シーズンともなれば、毎週華やかな社交の宴が着飾った上流人士を集めた。州裁判所の広間では優雅な音楽会や観劇会が催され、町の二カ所の闘鶏場が賑わい、城内の広場ではキルケニー駐屯隊付属の軍楽隊が野外演奏会を催した。「小麦の束亭」や「壁の穴亭」などの酒亭や旅籠はおいしい料理と清潔なベッドと親切なもてなしで旅人に評判がよかった。

二人が出会ったのは、一七六八年だった。ちょうどその頃、バトラー家ではエレナーの弟ジョンがキルケニー城を継ぎ、ウォンズフォード卿の女相続人と結婚をした直後のことだった。これを機にすでに、二九歳になっていたエレナーは北フランスのカンブレ修道院での数年間の滞在を終えて帰国、[*2]あらたにキルケニーのノア川沿いに聳える、息が詰まりそうに古い遠い過去と因習がぎっしり詰まった城で生活を始めたばかりだった。

一方、一三歳の少女セアラ・パンスンビーは、おなじ町の片隅で、大好きな写生や刺繍や音楽に孤独の慰めを見いだすしかない寄宿生活を送りはじめた頃だった。薄汚い建物が生活兼学習の場所、そのうえパーク先生は気難しい、実用一点張りのオールドミス、料理や刺繡やフランス語の手ほどきはしてくれても、自立心を植えつけそうな「危険な学科」はいっさい教えてくれなかった。一四人いたクラスメートは皆おしゃべりで、頭の中は空っぽ、セアラはなじめないまま、周囲からくそまじめで暗い女の子と思われ、孤立しがちだった。

出会いのきっかけとなったのは、わずかに残る記録によれば、[*3]ウッドストック・ハウスの女主人レディ・エリザベス・ファウンズが、ダブリン時代からの幼友達である、キルケニー城のレディ・バトラーに、養女セアラを案じて、それとなく見張っていてほしい、と依頼したことによるらしい。現実に二人がいつどのようにして知り合ったか詳細は必ずしも明らかでないが、レディ・エレナー・バトラーとミス・セアラ・パンスンビーの生涯を小説化した（したがってあまり信をおくのは危険だが）D・グルンバッハ著『二人の貴婦人』によれば、依頼を受けたレディ・バトラーが復活祭の季節に二週間、ミス・パンスンビーを城に招いて、娘に紹介したのがきっかけだった、という。

まもなくレディ・バトラーは、あの人付き合いの悪い、寡黙な、理屈っぽいエレナーが一六歳も年下の少女になんの屈託もない友情を惜しみなく与えていることを意外にも発見した。エレナーはフランス仕込みの教養と趣味の持ち主、ことに読書を愛した。セアラは学ぶことの好きな感受性豊かな引っ込み思案の少女。

たちまち二人は意気投合した。早春の若やいだ庭園の散歩、雨の日の暖炉の前での語らいと読書、ときには『パメラ』、『クラリッサ』など、リチャードソン（一六八九―一七六一）の小説に強い共鳴を見出し、ときにはセアラがエレナーの行うプルタルコスの『英雄伝』の「講義」に夢中になったりして、二人はたがいに友情を確かめあった。「こんな長い伝記、退屈しませんか?」、「いいえ、退屈なんかじゃありません。勉強することが多くて驚いています。パーク先生の学校ではローマやギリシャの人物をなにも教えてくれません。ハドリアヌス帝のことも聞いたことがないんです。呆れたでしょ?」

読書論は自然に人生論に発展して、友情に厚みと信頼が加わったとき、深く堅い人間的絆が形成されていた。一七七三年五月、セアラ（一八歳）は五年間学んだ寄宿学校をやめ、ファウンズ夫妻の住むウッドストック・ハウスに移り住んだ。

その後二人は「密会」の機会を失う。ダブリンで催される観劇やダブリン城での舞踏会など、公式の社交の席でしか顔を合わすことができなくなった。二人の仲を引き離そうとする執拗な監視の目があったからである。周囲はすでに二人の友情になにか不安を感じていたのかもしれない。

ファウンズ家は、ダブリンの目抜き通りオコンネル・ストリートの西側にひろがる高級住宅街ドミニック街三七番にジョージ王朝風の瀟洒な邸宅を所有していた。[*4] その社交は当代一流人士との人脈を誇っていた。セアラは首都に住み、社交界の華やかさを満喫することができたはずだった。それにもかかわらず田舎に住むことを選んだのは、都会の華やかさより田園の静謐を好んだからだった。庭園内に茂るオークの緑陰でトランプに興じたり、秋のブナが黄金の光を地表に投げかけるのを飽かず眺めたり、当主の孫ハリーと気が合って、庭園の中をはしゃぎ回ったりするのが、なによりも楽しかった。そんなとき、ハリーは、ぼくは大きくなったらおばさんと結婚するんだ、とはしゃいで、セアラに約束をせがんだりした。

しかし、こんな牧歌的日々のなかにも耐え難い時間が忍び込んでくるのだった。そのことがセアラのエレナー姉を慕う気持ちをますます強くしたであろうことは想像にかたくない。じつは、高潔をもって知られた人物、サー・ウィリアム・ファウンズが、夫人が早くから感じ取っていたことだったが、セアラの前に「恥も外聞もなく仮面を脱ぎ捨てた」[*5] のだった。その豹変をセアラは信じられなかった。当主は五〇歳を少し過ぎたばかりで、その頃痛風を病んでいた。男の世継ぎにもまだ恵まれないでいた。そのうえ妻も健康を害していた。苛立ちと陰鬱に憑かれながら、サー・ウィリアム・ファウンズは妻に先立たれる孤独に脅えていた。

寄宿学校からウッドストック・ハウスに移り住んできた若いミス・パンスンビーが、そんなサー・ウィリアム・ファウンズの心を惹きつけないはずがなかった。彼女が庭園を散歩しているとき、不意に当主が現れて彼女の前に立ちはだかった。花壇でベンチに腰をかけているとき、背後の植え込みから、セアラを抱きすくめようとした。ウィリアムは執拗だった。とうとう思いあまって、セアラは、ウィリアムと同席したり、顔を合わせたりすることを避け、手紙の形をかりて、ウィリアムに「あのような振舞

サー・ウィリアム・ファウンズ

レディ・エリザベス・ファウンズ

ボリス村のボリス・ハウス。エレナー・バトラーの住まい。この地方の名門キャヴァナー族の居館で、18 世紀後半の建物。村を貫く街道沿いに現存する門は左右に側門を従え、高い二基の塔を備えたいかめしい城門の構えである。

いをなさるのは、わたしにこのお屋敷から出て行って欲しいからなのですか、正直に言ってください。もしそうであれば、機会があり次第いつでもそうします。でも私が出て行ったことの真相は秘密にします。お手紙で、お手紙のみでお答えください」[*6]と真意を糺した。

具体的になにがあったのか、ストーカーまがいの嫌がらせだけに終ったのか、それとも……。文献は一切言及しないが、タイ夫人（ウィリアムの一人娘でやはりセアラといった。ウィリアム・タイと結婚）は後に「伝えられているところは想像ばかりが先走った」と書き記している。もしかしたらこの時セアラには無意識のうちに異性に対する抜き難い嫌悪と憎悪の感情が巣くったのではないか。取り憑かれた屈辱感から逃れるために精神的にも、そして即断は許されないが、多分肉体的にも、同性の精神と肉体の力の支えが必要だったのかもしれない。そして、二人は、おそらく男性社会に対する異議申し立ての意味を込めて、現存する肖像画にしばしば見られるように、そして文献上にもしばしば言及があるように、男装にこだわった。というより男装を好んだ。それは、女性に思想・行動の自由がほとんど認められないという時代認識をもった多くの若い女性にとって、自らに強制された退屈な限定的な役割を変革するほとんど唯一の手段だった。つまり、みせかけではあるが、男性になることが必要だった。いつの時代も服装は明確な自己宣言である。その意味では、男装は女権拡張論者の最初の自己表現といえた。

セアラは『パメラ』のパメラの身に起こったことと同じことが自分の身の上に降りかかったのを知った。いうまでもない、エレナーに助言を求めた。監視の目を盗んで、二人は、忠実な使用人メアリ・キャリルを介して、ひそかに手紙のやり取りを続けた。このとき、幸か不幸か、相手のエレナーもつらい思いをしていた。だからいたわりと同情と不満を一杯に詰め込んだ手紙が二人の間を何回も往復した。それは一八カ月間続いた。

レディ・バトラーはエレナーを修道院に入れようと考えていた。娘はカンブレで幼いときに楽しい寄宿生活を送ることができたではないか。すでに三九歳の未婚の娘の生き方として母親が娘を修道院に入れようと考えたことは決して唐突ではなかった。親の決めた男のところへさっさと嫁に行くか修道院に入るか、これが常識であった時代である。女性がまともに生きて行くには、かのジェイン・オースティン（一七七五―一八一七）の名言をまたずとも、資産家の御曹司を捕まえて将来の安全を確保するのが早道、これが世間一般の認識だった時代、でなければ、せいぜい家庭教師などの使用人の身分に甘んじて細々と生きて行く以外、ほとんどほかに道が残されていなかった時代である。そうであれば、尼僧としての生涯設計はむしろ母親の当をえた配慮と言うこともできた。

時代は女性にきわめて抑圧的で、生きることについての選択肢を狭め、窮屈な生涯を強いていた。腰の部分を極端に締め付けた当時の女性の服装は精神への束縛でもあった。キルケニー城での生活はそういう時代風潮の代表であり、象徴だった。ジャン゠ジャック・ルソーの、例えば『新エロイーズ』にあふれている前ロマン主義とリベラリズムのみずみずしさが高揚した時期にフランスで感情教育を受けたエレナーにとってはなおさらだった。母親の考えを知ると、エレナーは激しく反発した。もっと野心的な生涯設計を心に決めていたからだった。

二人が出会ってから数年が過ぎようとしていた。エレナー・バトラーとセアラ・パンスンビーの友情は、生きることについて不思議なほど一致した考えを二人がもっていることに気づかせてくれた。社会の束縛と上流階級の因習を逃れ、自然とともに平和な共同生活を送る理想を二人はいつしか夢見るようになっていた。この夢想がにわかに現実味を帯びたのは、禁じられた文通の一八カ月間のことであった。キルケニー城とウッドストック・ハウスという堅固な「要塞」に閉じ込められながらも、二人は以前にもまして強い同志愛的絆を意識し、すでに共犯者的心情すら共有していたにちがいない。二〇キロほど隔たったそれぞれの居館の一室がいつのまのか「出奔」の計画を練る密室になった。

❖ 出奔――「殿方は関係なしです」

一七七八年の三月半ば、計画は実行された。しかし、セアラが自邸の塀を乗り越えようとして足の骨を折り、あえなく試みは挫折した。ウッドストック・ハウスの北トマスタウンの町はずれの修道院の廃墟で二人は落ち合うはずだった。[*7]

第二回目は三月三〇日の月曜日だった。セアラは深夜家の者が寝静まったのを見て、愛犬フリスクを抱いて、窓から庭に跳び出した。用心深くピストルをもって、男装をしていた。前もって話をつけていた使用人メアリに導かれながら、エレナーが待つ納屋にたどり着いた。エレナーの方は家族が夜食をとっている最中に城を抜け出し、やはり男装をして馬にまたがると、約束の納屋へ急行した。二人の目的地は南へ四〇キロあまり離れた港町ウォーターフォード、そこから連絡船で英国に向かう計画だった。ファウンズ夫人の狼狽ぶりを伝える、ダブリンに住む知人ミセス・ゴダード宛の手紙[*8]（三月三一日付）が残っている。

親愛なるゴダード夫人へ

私共の狼狽をどのようにお伝えしたらよいでしょう。大事なサリーが昨夜窓から抜け出して、行方をくらましました。キルケニー城のミス・バトラーが一緒であるという情報をつかんでいます。これ以上書く気力もありません。どうぞ助けてください。狼狽の極にいる私共に情けをかけてくださることを信じて。あなたに神のご加護がありますように。

かしこ

エリザベス・ファウンズ

失踪騒ぎから一夜明けた三一日は雨まじりの冷たい風が吹く朝だった。再度の娘の家出を知った父親のウォルターは、即刻馬車をウッドストックに急行させた。すでにサー・ウィリアム・ファウンズが使用人に命じて周辺の林の中を血眼になって探している最中だった。なんの手掛かりもないまま焦燥の時間が過ぎていった。翌四月一日になって、二人がウォーターフォード近くで「男装して車の中にいる」[*9]という知らせが届いた。逃避行の途中、エレナーが失くした、いかにも上流婦人の持ち物とわかる上等なひだ襟と仔犬のフリスクのヒステリックな吠え声で失踪が露見したのだった。二人はようやくの思いで港町に着いたものの、あいにく定期郵便船は海賊の危険と天候不順で欠航だった。足止めを食らって、やむなく農家の納屋で寒い一夜を過ごす羽目になった。

ウォーターフォードを目指して二台の馬車が疾走した。ファウンズ夫人を乗せた馬車とエレナーの姉の嫁ぎ先ボリスの町のキャヴァナ家の当主モーガンが乗り込んだ馬車だった。非情の二台は、哀願し泣き叫ぶ二人を引き裂いて、それぞれの屋敷に向かって矢のように走り去った。「囚われの女」として、セアラはウッドストック・ハウスへ、エレナーは義兄モーガン・キャヴァナの住むボリス・ハウスへというように。

周囲の者にとって不幸中の幸いだったのは、この出来事が男との駆け落ちでなかったことだった。ファウンズ夫人は、帰途セアラから聞き出した話として、「二人とも男性とはなんの関係もなかったのです」とゴダード夫人に伝えた。タイ夫人も同じような手紙（ウッドストック発、四月二日付）をゴダード夫人に送って、「家出した二人は捕まりました。……一見軽率な言行と思われるのですが、重大な不埒はなにも犯していないと確信しています。殿方は関係なしです。たんなる『ロマンティックな友情』による企み以外のなにものでもなかったように思われます」と書いた。

この頃、ファウンズ夫人の書くゴダード夫人宛の手紙には、セアラの容体についての文言が目につく。じつは冷え込む一夜を納屋で明かしたことがたたって、セアラは風邪をひいてしまったのだった。「喉を痛め、高熱を出して寝ています。なんとも可哀想です。お見舞いの手紙を書いてください。世間並みの非難の言葉はおやめください、お願いです。二人がどれほどつらい思いをしたか、想像がつきますまい」。「昨夜はひどいものでした。医師の診断では快方にむかっていないというのです。でもはっきり言って、少し呼吸が楽になったと思います。頭脳の混乱はひどく相変わらずです」。「今日はずいぶん体調がよさそうです。でも衰弱甚だしく、元気なく、しょんぼりしていることに変わりはありません」。

快癒の兆しがないまま、セアラにとって満たされぬ日々がつづく。エレナーから送られてくるファウンズ夫人宛の手紙がなによりも慰みになった。しかし、いちばん知りたい送り主の消息についてはなにも分からない。高熱のためうわ言を口走るようになり、「一晩中重態のまま。今朝は二度も気を失い、まるで狂女のような目付きでわたしたちを睨みつけるのです」。

エレナーには手紙を書く自由はあったけれど、それはあくまでファウンズ夫人宛、しかも義兄の屋敷に囚われの身の上であったから、セアラにむかって、例えば、なにがあっても会いたいと思っています、などと心情を吐露することなどもってのほかだった。ましてやバトラー氏の逆鱗に触れてしまいました、ちかくフランスの修道院に送り込まれる運命です、と「絶対の秘密」を伝えることなど思いもよらなかった。それでも最愛の友の「運命」を聞き知ったセアラは、熱い同情と激しい憤りを感じて、「あの人を法王と修道院の手に落ちることから救うためなら、どんなことでもしよう」[*10]と心に決めた。

こうして四月の半ば、エレナーとセアラを巡る状況は一挙に緊張の度合いを深める。バトラー氏の頑迷、セアラ・パンスンビーの決断、エレナー・バトラーの自暴自棄などが重なり合って、事態は悪化した。

そんな状態にけりをつけたのはエレナーの懇願であった。周囲は予測のつけにくい事態に苛立ち、理不尽とも思える二人の強固な結び付きに困惑しきっていた。そのせいであったかもしれない、そして気息を同じくする二人にはもはや強者の論理は通用しないことを悟ったのであろう、バトラー家の者もキャヴァナ家の者もあれほど硬化させていた態度を和らげて、三〇分間だけ二人が会うことを認めた。セアラは馬車でボリス・ハウスに駆けつけた。そして二日後、セアラは次のような手紙をゴダード夫人に送った。

一昨日ボリスへ行ってきました。でも体調は相変わらずです。頭と胸が引っ切りなしに痛みます。お話したいことは山程あります。でも遠からず機会があると思いますから、今日はことに気力もありませんし、書くことはまたの機会に譲ります。ミス・Bにすごい交換条件が出されました。数年間修道院暮らしをして、わたしのことを未来永劫に忘れてくれないかという条件です。あの方が受け入れるというのならば、それに反対できる勇気はわたしにはありませんし、あの方にしたって、そんなことに耳を傾けるほど、意気地なしとは思いません。（中略）もう一度というなら、前と同じことを厭いません。

右の手紙にも暗示されているように、二人はこの三〇分間に最後の賭けにでる作戦を練った。そして、それは四月一九日、日曜日の夜、決行された。

❖ 新天地を求めて

エレナーはボリス・ハウスを忍び出て、ウッドストック・ハウスに向かった。バロー川の川谷をしばらく辿ると、ほぼ中間に位置するグレイグナマナッハの町に着く。そこから後はサドル・ヒルとブランドン・ヒルに挟まれた山あいの道で、全部で二〇キロあまりの危険な夜道だった。エレナーはファウンズ家の女中であるメアリ・キャリルの手引きによって大広間の窓から侵入、セアラの部屋の押し入れに隠れた。

ゴダード夫人はこの間の経緯を日記に残した。以下はその抄訳である。

四月二二日（水曜日）――L・E・F〔ファウンズ夫人――引用者注〕から、日曜日の夜またまたミス・バトラーがボリスから逃亡との手紙あり。夫人に手紙を書く。

同月二三日（木曜日）――また手紙が来て、じつはミス・バトラーが日曜からウッドストックにミス・パンスンビーにかくまわれているという。そのことを家人は月曜日になるまで全然知らなかったらしい。L・E・Fに手紙を書く。

同月二四日（金曜日）――女中のジェインを連れてウッドストックに向かう。途中、ナースの町のユースティス夫人の経営するレストランで食事。骨付き羊肉が美味。

同月二五日（土曜日）――途中ロイヤル・オーク亭で食事、九時にウッドストックに着く。なんとも気の重い長旅であった。ミス・パンスに会うが、ミス・バトラーは姿を見せずじまい。

同月二六日（日曜日）――食事で階下に降りて来たミス・パンスに会う。ミス・Bとはようやく夕方のお茶の時間に会うことができたが、話はできなかった。

同月二七日（月曜日）――二人と話ができた。出来る限りの助言をした。好意的に受け取ってくれたようで、この分なら守ってくれるだろう。二人と会食。

同月二八日（火曜日）――L・E・Fが二人と話をしたいから同席してほしいという。どうも二人して家を出る決心をますます固めていると見受けられた。バトラー氏の弁護士パーカー氏がやってきて、説得にかかるが、効なし。二人とも今日は階下に姿を見せなかった。


こうした記述を裏付ける文言がファウンズ夫人の日記に残る。「一人の男がたずねて来て、ミス・バトラーの居場所なら承知している者ですが、と言う。サー・ウィリアム・ファウンズが『どこです？』と聞くと、『お屋敷にいます。日曜日の夜、玄関広間の窓から忍び込んだのです』と言う。二階に上がって行って、二人が一緒になって泣いているのを見つけるまで、信じられないことでした」。またキャロライン夫人の日記によれば、「ミス・パンスンビーが自室の押入れに友達をかくまったのです。食べ物を運んだのは女中のメアリ・キャリルです。サー・ウィリアム・ファウンズはバトラー氏にミス・バトラーが拙宅にいることを知らせ、ぜひ迎えに来てほしい旨を伝えました。ところがだれも来ないので、レディ・ベティがミセス・ゴダードにウッドストックに急行して、ミス・パンスンビーを説得してほしいと依頼したのです」。

この後もゴダード夫人の日記は、メモ書き程度の記述ながら続くのだが、興味深いのは五月二日の日記で、ミス・パンスンビーとひそかに話し合いをした、と記されている。そのとき同席したサー・ウィリアム・ファウンズについて、彼は土下座してかつての非礼を詫び、二度と過ちを犯さないと誓い、年三〇ポンドの生活費を倍にしよう、それとも、たとえ家を出て行くのであっても、希望するだけ上乗せしてもいいと言った、と伝えている。それに対してセアラは「たとえ世界中がサー・ウィリアム・ファウンズのように土下座してくれても、ミス・バトラーと共に生活し、この世を終えたいわたしの意志は変わりません」ときっぱり答え、「もしわたしを引き留めようとして、なにか圧力がかかれば、わたしの性分としてこれまで以上に友人・知人に迷惑をかけることになるでしょう」といささか物騒なことまで口にした。ウィリアムの「非礼」は、セアラが約束を固く守って口外しなかったにもかかわらず、すでに公然の秘密だった。しかし、具体的になにがあったのか、知る人はだれもいなかった。ただ「非礼」といえるらしいことがあったという、噂だけが一人歩きした、という感がある。それにしても、破格な金銭的援助の申し出、土下座した謝罪など、やはり起こったことは尋常でなかったと思わせるのに十分である。セアラにしてみれば、なにがなんでもこの似非紳士とかまびすしい社会の目から逃がれたかっただろう。ついに周囲は二人の決意の前に郷里をそして祖国を離れることに同意を与えた。

一七七八年五月四日の早朝、エレナー・バトラーとセアラ・パンスンビーは、メアリ・キャリル[11]を伴って馬車に乗り込み、ウッドストック・ハウスを後にした。それは故郷を離れ、決してアイルランドに帰るはずがない、二人だけの長い人生の旅の始まりだった。

ゴダード夫人の日記は、この前後、几帳面にほとんど一日も欠かさず続けられるのだが、四日の「……早朝六時、二人は旅に出た……喜々として」を最後にセアラあるいはエレナーについての言及が途絶える。

一行はウォーターフォード港で四日間の足止めを食らった。またしてもセント・ジョージ・チャネルの海域に武装帆船が出没、海賊まがいの略奪行為が繰り返されていたからだった。船長が客が少なく儲けにならないと言って、出帆を拒んだからかも知れなかった。ようやく五月九日、船はウェールズに向

プラース・ネウィズ（1780 年）。エレナー・バトラーとセアラ・パンスンビーはこの田舎家をプラース・ネウィズ（新屋敷）と命名、終の棲家とした。

けて出港、翌一〇日、念願かなって二人は南ウェールズのミルフォード・ヘイヴンに上陸した。

二人はイングランドの片田舎に新天地を見つけ、そこに理想の生活を創造するつもりだった。セアラが精力的に書き残した旅日記によれば、[*12] 南ウェールズ各地を徒歩と馬車で決して楽でない旅を続けたあと北上、五月二五日には国境を越えてイングランドのシュロップシャーまで行き着いた。しかしその後、所期の目的を放棄したかのように、今度は北ウェールズを転々と移動、スランゴスレンにも立ち寄った。この後も「行き場を失った魂」[*13] のあてどない彷徨は続き、その間、故郷ウッドストックのサー・ウィリアム・ファウンズの訃報に耐えなければならなかった。ゴダード夫人の手紙によれば、サー・ウィリアム・ファウンズは「非礼」の天罰に苦しみながら、六月一四日この世を去った。そして夫人も三週間後その後を追った。夫妻はイニスティーグ村の教会墓地に葬られた。

異国での最初の冬が迫っていた。もうこれ以上の「彷徨」は不可能だった。経済的にも逼迫していた。先行きの困難と孤独の深さとを思い知らされていただろう。

一七七九年の冬を二人はスランゴスレンの郵便配達人の家に下宿して過ごした。ディー川の流れに沿った静かな川谷の町の佇まいが、セアラにもエレナーにも故郷の村を思い起こさせたにちがいない。それにスランゴスレンがアイルランドとイングランドを結ぶ定期駅馬車の宿駅だったことも、二人には魅力だったにちがいない。

二度目の冬が近づいてきたとき、エレナーとセアラはスランゴスレンの村はずれ、小高い丘に立つ田舎家を借りることに決心した。スレート葺きの屋根をもつ、飾り気ない四角い箱のような石造りの一軒家だった。部屋は四つしかなかった。裏窓からは目の下に村の人家の煙突がいくつも眺められた。アイルランドの連絡船が発着するホリヘッドとロンドンを結ぶ駅馬車が往還を急ぐ蹄の音が聞こえてくることもあった。ブナの林が展がる広い庭があった。家の背後には峡谷を隔てて連なるいくつもの山の頂が眺められ、中腹に古城や修道院の廃墟が見え隠れしていた。

エレナーとセアラはこの田舎家をプラース・ネウィズ（新屋敷）と命名した。[*14] 一七八〇年の春であった。

第二章　イギリス一八世紀と「ロマンティックな友情」

❖ 北ウェールズの辺境、スランゴスレンの町

「新天地」となったスランゴスレンの町は、イングランドの古都チェスターから南西へおよそ四〇キロ、西から流れて来たディー川が、この辺りでにわかに川幅を狭め、丘陵が両岸にせまり、緑濃い渓谷美をみせる所に位置する北ウェールズの町である。街道A5をロンドンから北上して、イングランドからウェールズに国境を越える。現在は行政上の境界にすぎないが、それでも今日なお国境というのがふさわしいのは、それぞれに個性豊かな伝統と文化を誇る、まぎれもない二つの文化圏の境界だからである。そんな「国境」を越えて最初の町らしい町がスランゴスレンである。

この町はすぐれてウェールズ的である。まずなによりもその地名、ウェールズ地方丸出しの「囲い地」または「教会」を意味して地名の接頭辞にしばしば使われる、あのLlanではじまる、独特ないささか神秘的にも響く町の名前。いったいウェールズ全土にLlan‐の地名がいくつあるだろうか。Llangollenの綴りは「ランゴレン」と英語読みに表記されることが多いかもしれない。しかし、ウェールズ語の発音に忠実に従えば、「シャンゴッシェン」になるという。それでも現地で幾度か実際に耳に

した音は「スランゴスレン」と表記してよいように聞こえた。発音表記（『ジョーンズ発音辞典』）で〔ɬ〕の下に小さく丸印を付した音はいったいどういうカナ表記がふさわしいのだろう。舌の先を前歯に押し当てて強く息を無声で吐く音といわれるのだが。

ウェールズ語のこのllの発音について、一九世紀ウェールズを旅して優れた旅行文学『荒涼のウェールズ』（一八六二）を著したジョージ・ボローは、これはイングランドの人々が考えているほどひどい軟口蓋音ではなく、じつはちょっとした流音で、スペイン語のllにそっくりである。英語のlhに相当する、と述べている。

響きばかりか、その綴り字にしても、例えば地名などにみられる、英語圏では想像もつかない子音字を連ねた綴り字のこれまたなんと魅力的で奇態なことか。その究極は同じ街道A5に沿った、ふつうあまりの長さに（なんと五七文字！）スランヴァイル・ピー・ジーと略される、[*1]町の名に尽きるのだが、そうした魅力はきっと地名だけのことではなくて、ウェールズ全体の不思議な風土的牽引力につながっている。いや、同じ街道をさらに北西にたどれば、アイルランドへの連絡船が発着する港町ホリヘッドに行き着くことができるという現実があるように、ここにはアイルランドの島にまでつながるウェールズ特有の喚起力がある。なにしろウェールズは陸続きのイングランドより海を渡ったアイルランドに、つまりケルト文化圏に民族的にも文化的にも断然ちかいのだから。

スランゴスレンの町名はllanとCollenの結合で「聖コレンの教会」の意味という。そしてこの町名は、七世紀にこの地に定住した隠修士、聖コレンに献じられた教会の名をそのまま町名にしたといわれる。また別に、コレンはこの近在に多い「榛の林」を意味して、それに因んで教会も「榛の林の中の教会」と命名され、それが町だけでなく、広くディー川の川谷を指すことになったとする説もある。

この「聖コレンの教会」の町を、ジョージ・ボローは、「スランゴスレンは、スレート葺きの屋根の白い人家の、住民二千人ほどの、大部分がディー川の南岸に位置する小さな町、いや大きな村である。村外れには古橋が架かり、村のほぼ中央になんの変哲もない教会がつつましやかに立っている。（中略）川の両岸には何軒もの快適な田舎家があって、なかには丘陵のかなり高いところに立つものもある。なかでも有名なのはベルウィン山麓のプラース・ネウィズで二人のアイルランドの高貴な婦人によって建てられた田舎家である。『スランゴスレンの貴婦人』としてヨーロッパにあまねくその名を知られた婦人である」[*2]と共感にみちた記述を残した。

ボローがウェールズ縦断の旅を思い立ったとき、この町を拠点と定めたのは、ひとつにはここが「二人の貴婦人」に縁深い土地であったからかもしれない。それかあらぬか、『荒涼のウェールズ』（第五一章）には土地の古老から貴婦人にまつわる思い出話を聞いたときのつぶさな記録が収められている。

ボローは一八五四年八月、妻と娘の三人でウェールズの旅に出た。それはチェスター経由でスランゴスレンに入り、最初の二カ月ほどをそこの旅籠「ハンド亭」に滞在して、周辺の風光明媚な自然を親子で楽しむ日々を過ごし、そのあと妻子を残して、ひとりウェールズを北から南のチップストーまでじつに二五〇マイルを走破する徒歩旅行に出立した。当時ロマン主義の台頭と鉄道の発達による大衆旅行の流行が、自然美の探勝へ多くの人を駆り立てていた。美学上のピクチャレスク理論の流布とその見事な範例をウェールズや湖沼地方に発見する歓びが、一八世紀後半、新しい美的趣向を作り出していた。ボローのウェールズの徒歩旅行は、こうした「異国」に対するイングランドの人々のそれまでにない関心の高まりを反映していた。五百ページを優に越える旅行記『荒涼のウェールズ』は、ウェールズの人々と文化とそしてなによりも自然についての共感と精彩にとむ記述によって、類書にみられぬウェールズを描く肖像的記録となった。

スランゴスレンの町は、それが夏の季節であれば、ことに七月（第二週）であれば、ただならぬ人出で賑わい、現在人口三千にもみたない川谷の町がにわかに活気を呈する。国際ウェールズ音楽祭の会場になるからである。期間中一五万人の観光客が世界中から訪れるという。毎夏ウェールズ各地では「国際アイステッヅヴォッド音楽祭」の呼称で広く知られる、中世のウェールズ吟唱詩人の集いに端を発する、伝統の民族演劇・音楽祭が開催されるが、ここの音楽祭はその国際版である。一九四七年が第一回というのだから、すでに半世紀を越える歴史をもつことになる。弱小言語ウェールズ語の復権と伝統文化の保持を謳って高揚する民族の祭典は北国の短い夏を鮮烈に彩る。

町の対岸にはいくつもの遺跡が存在する。ディー川にかかる一四世紀の石橋を渡って、川沿いの道を二マイルほど北西に辿れば、シトー派修道院の廃墟にいきつく。ヴァレ・クルーシス修道院は一二〇一年ポーイスの国王マドック・アプ・グルフィッズが創建したもの。現在、修道院の共同寝室、聖器室などがあった回廊東側の住居区画が比較的よく残るが、教会堂のほとんどは廃墟となって、初英様式の窓と豊かな装飾に飾られた門扉をとどめる西正面の遺構がようやく昔日の面影を伝えている。廃墟のすぐ北側、古代の埋葬地と思われる所にある小盛土には二メートルあまりの石柱エリセッグ・ピラー（九世紀初頭）が立つ。もともと十字架の支柱であったと考えられ、ポーイスの地をイギリス人支配から解放したと信じられているエリセッグの墓跡でもある。ここは「十字架峠」の名で知られ、上述の修道院もそれにちなんで名付けられたとされる。ここから尾根伝いに東へ向かえば、わずかに石塁を残すだけのディナス・ブラン城の遺跡がある。記録によれば、一三世紀半ばの築城で、早くも一六世紀後半には廃墟と化していたという。

それにしても、二人の貴婦人がこの町はずれの、その名もバトラー・ヒル（あくまで後世の命名だが）と呼ばれる丘の一隅のプラース・ネウィズを終の棲家と定めた頃、つまり一七八〇年の頃、このスランゴスレンは、ロンドン＝ホリヘッドを結ぶ街道（現在のＡ５）沿いの小さな宿場町にすぎなかった。

ディー川と石橋とホテル・ロイヤルはスランゴスレンの町を代表する眺めである。

往来する駅馬車は、週一度の定期市や年五回の縁日と同様、町に活気を与えてくれたが、一歩往還をそれれば、舗装も不完全な狭い路地の両側に陰気な人家が立ち並ぶ、うらさびれた町だった。

プラース・ネウィズにしても、今でこそカントリー・ハウスというにふさわしく、白漆喰と木骨を基本とする白黒の素朴で美的な造形を特徴とするイギリス・チューダー朝様式の魅力を遺憾なく見せる建物として多くの人の関心を集めるが、エレナーとセアラが移り住んで来た当初は、二、三本の樹木につき添われた、なんの変哲もない野中の一軒家にすぎなかった。背後に川谷をへだてて聳える石灰岩質のエグリセック山の頂がひかえ、前面は牧草地とブナの林が広がるばかりだった。裏側には村の人家の煙突がいくつも眺められた。同じ大きさのサッシュ窓が上下二列に行儀よく並んだ、部屋数四室の、スレート葺きの四角い箱のような石造りの田舎家だった。

エレナー・バトラーとセアラ・パンスンビーの二人はこの「四角い箱」にエレナーの死の一八二九年までの五〇年間を「男性の愛を越えて」[*3] 共同生活を営んだ。『スランゴスレンの貴婦人』の著者であるE・メイヴァーによれば、同時代人はそれを「ロマンティックな友情」の関係と呼んだと言い、「一八世紀の流行語であった」とも言う。それはいったいどのような意味なのだろうか。その背景にはどのような時代相があったのだろうか。

❖「ロマンティックな友情」の手引書

一八世紀イギリス社会における「ロマンティックな友情」の問題を考えるとき、いくつかの見逃すことができない点がある。第一に意外とも思えるかもしれないが、この「友情」をテーマにした小説の流

リチャード・ウィルソン画《スランゴスレンからディナス・ブラン城を眺める》, 1770-71.

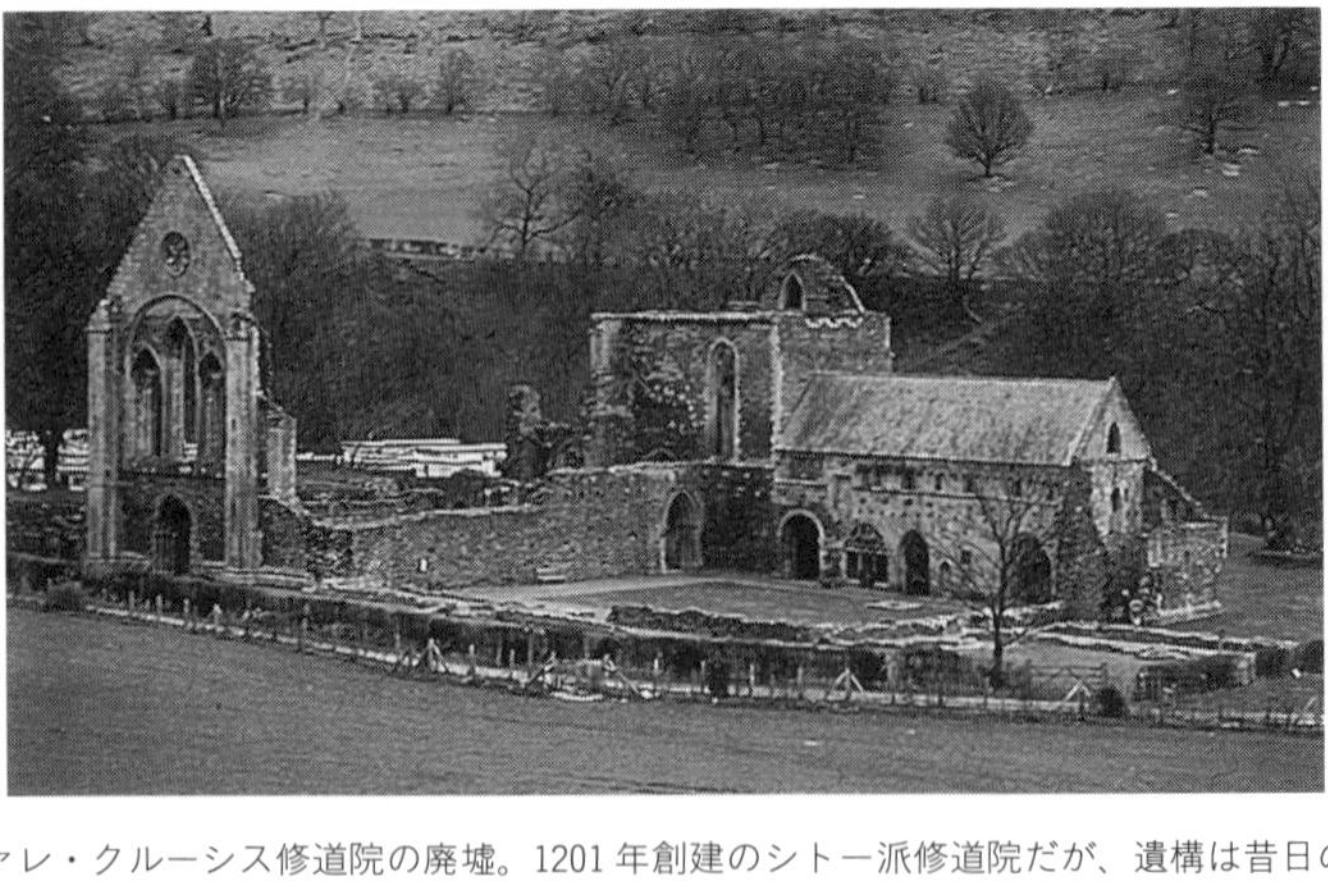

ヴァレ・クルーシス修道院の廃墟。1201年創建のシトー派修道院だが、遺構は昔日の威容を偲ばせるに十分である。

行があったということ。第二にレディ・エレナーとミス・セアラの場合が決して唐突でなく、幾組かの先例があったということ。第三に一般に「ブルーストッキング派」とよばれる文芸サロンの存在である。これらに通底するのは女性にきわめて抑圧的な男性優位の社会に対する、女性の側からのなんらかの意味の異議申し立てであり、新しい生き方の模索であり、その意味では以上の三点は相互に関連しあっている。

「ロマンティックな友情」をテーマにした小説を代表するのが、セアラ・スコット（一七二三―九五）による小説『千年紀館』（一七六二）である。この小説は、結婚を拒む女性にとってはもちろんのこと、既婚婦人で夫との生活に因習の抑圧を感じて、同性に精神の慰めと自由を求めようとする女性にとっても、E・メイヴァーにいわせると「ロマンティックな友情のハンドブック（vade mecum）」であった。一七六二年に出版、六四年に第二版、七八年には第四版が出るなど、当時としてはかなり読まれた小説だった。そして重要なのは、この小説が版を重ねていた時期が、エレナーとセアラが出会い、意気投合し、出奔を遂行する時期にみごとに符合することである。両人が、あるいはどちらか一方が、なんらかの機会にこの小説を読んだと考えるほうが、読まなかったとするよりはるかに確かなことと思われる。そうであれば、今では語られることがほとんどないこの作品が、出奔という大それたふたりの行動に大きな決定力をもったと考えることができる。

『千年紀館』の著者、セアラ・スコットはヨークシャー州の紳士階級に属するロビンソン一族の出で、その生涯をたどっていくとき、きわめて興味深いことに、この女流作家自身が女同士の理想的な友情、いわゆる「ロマンティックな友情」に生きた女性だということを知る。スコット女史の親友はバーバラ・モンタギュー（通称バブ・モンタギュー）といい、彼女はセアラのロビンソン一族よりずっと著名なハリファックス伯爵家の出身であった。セアラ・スコットにはエリザベスという三歳年上の姉がいたが、この人こそブルーストッキング派の中心として後世に名を残したエリザベス・モンタギュー（一七二〇―一八〇〇）である。断っておけば、セアラの親友だったバーバラ・モンタギューは姉の嫁ぎ先と同姓だが、直接の関係はない。

セアラとバーバラの二人は一七四八年に、エイヴォン州の一八世紀ロンドンにつぐ上流社交場といわれて大いににぎわった温泉保養地バースで、ある社交の席上知り合った。たちまち無二の親友となり、一七五一年にセアラが、数学者であり、時の皇太子の家庭教師を務めていたジョージ・ルイス・スコットと結婚したときでも、バーバラはこの友人の新婚旅行に同行するほどの、離れて暮らせない仲になっていた（ただし、当時は新婚旅行に花嫁の友人が同行するのは珍しいことではなかった）。そればかりか、バーバラは新婚夫婦と一緒に暮らしたのだった。考えても見れば、つまり現在の感覚からすれば、じつに奇妙な寄合い所帯ではなかろうか。しかし、こうしたことが、ごく自然に当時は受け入れられていたのだった。幸か不幸か、結婚は早くも翌年「性格上の不一致」がもとで破綻して、セアラはこの「なんとも悪名高い男」との「馬鹿げた縁組」[*4]から自由になった。その後、二人はバース近郊のバーイーストン村に居を定め、そこで福祉慈善活動に携わるなどしながら、バーバラがこの世を去る一七六五年まで一〇余年間をたがいに片時も離れることなく、生活をともにした。

小説『千年紀館』はこうした女同士のまたとない体験をもとに書かれた。セアラ・スコットの他の作品、『コーネリア物語』（一七五〇）から『シィオドーア・アグリッパ・ドービネの生涯』（一七七二）にいたる八点の作品がそうであったように、そして当時多くの女性による小説がそうであったように、この第六作目に当たる『千年紀館』も匿名で公刊され、「旅の途上にある一紳士による手記」と副題が添えられた。自分自身をモデルにしたが、むろん忠実な再現ではない。むしろ体験を介して、女同士の友情、「ロマンティックな友情」の理想を語ったといってよいだろう。ホラス・ウォルポールはこの作品を、どのような根拠からか判然としないが、バーバラとの合作といったが、その十分な証拠がない以上、セアラの単著と考えるにしても、執筆の動機と構想に直接、間接バーバラの存在が係わったことはまず間違いない。

小説は、一言でいって、「一紳士」が「旅の途上」で遭遇した奇譚にもちかい体験を友人に宛てて綴った手記のかたちを取っている。およそ世間離れしたユートピアにたまたま足を踏み入れた旅人の体験記である。全体は五つの部分からなり、館の紹介から始まる。そこでは「紳士」――「私」が旅の相棒とともに館の客人となる経緯、あわせて館が女だけの共同生活体で「地上楽園」を実現していることが語られる。これに四つの物語がつづいて、そこに住む主要な五人の女性のそれまでの人生が順次語られる。一番興味深いのは、この楽園の創設者であるミス・ルイーザ・マンセルとミセス・モーガン（旧姓ミス・メルヴィン）が登場する、全体の半分近くを占める長い第一話である。ほかにレディ・メアリ・ジョーンズ（第二話）、ミス・セルヴィン（第三話）、ミス・トレンタム（第四話）などをはじめとして、老人から子供まで女性ばかり三〇人くらいが生活している。

「私」は二〇年振りにジャマイカから帰英して、北国に居を定める前のわずかな時間を割き、転地療養をかねて暖かい南英コンウォル地方を旅している身である。青年ラモントとの二人旅である。「私」は「人生にしばしばこの上なく愉しい経験をもたらしてくれる、一見取るに足らない、しかし幸運な偶然によって」、つまり馬車の故障と嵐に見舞われるという偶然によって、「心優しい人々の家族的集団と知り合う」ことになる。そして、この人々の館を、そこでの生活に最もふさわしく「千年紀館」と命名する。

館は、馥郁たる香りを放つ忍冬がからむオークの大樹がどこまでも続く長い並木道の奥にあった。野の緑の上を甘美な竪笛の音が流れ、牧童は羊の世話に余念がない。館を囲む花々はこぼれんばかりに咲き競う――薔薇、ヒアシンス、ジャスミン、黄水仙、プリムローズ、菫《すみれ》、鈴蘭。二人の旅人は牧歌的情景を目の前にして、ギリシャの田園詩人テオクリトスの時代もかくやと錯覚にとらわれるのであった。館はさながら「このおとぎの国を支配する地霊の棲家」かと信じたくなるのであった。

旅人は大広間に案内される。人目を惹いたのは三つの大型の書棚で、その上には地球儀と太陽系儀があった。幾人もの女性がそれぞれの自己研鑽に励んでいる。まるで「アテナイの学堂」に迷い込んだかと思われた。庭にのぞんだ張出窓には読書する二人の女性（ミセス・メナードとミス・セルヴィン）、美しい聖母像を描く女性（ミス・マンセル）、風景画に没頭する女性（ミセス・モーガン）、額縁に装飾彫刻する女性（ミス・トレンタム）、版画を刻する女性（レディ・メアリ・ジョーンズ）、そしてこの人たちに朗読をする若い娘。ほかに一〇歳から一四歳の少女の一団が手工芸の修業に精出している。そればかりか全員が音楽にも長じていて、精妙な演奏と歌唱とコーラスを堪能させてくれた。旅人は礼儀正しい、勤勉な、教養ある、優雅な女性たちに心を奪われる。二人は乞われるままに客人となり、夕食の饗応を受け、談笑に興じているうち、一一時の時が告げられると、寝室に案内された……。

園内には各種の福祉施設が併設されている。経済的自立をめざして家庭教師の職を希望する女性のための訓練校、身体障害者のための施設、老人・孤児のための救貧院、幼児のための学校、経済的余裕のない若夫婦のための家具付き住宅など。例えば、「ここに連れて来られたときは餓死寸前だった」老女、「ろくに着る物もないありさまで」ここに来た女、「ほとんど耳の聞こえない、しかし特技の糸紡ぎに今は幸福な日々を送っている」女、「生まれながらに奇形のように小女だったり大女だったりして、世間のいじめから逃げるように避難してきた」女たちなど、いずれも社会的弱者である。弱者というだけで理不尽ないわば世間という暴君に苛めぬかれた被害者だった。世間とは、ギリシャ神話に登場する、旅人を捕らえて鉄のベッドに寝かせ、足が長すぎると切り落とし、短いと強引に引き伸ばしたという「暴君の烙印がつきまとうプロクルーステース」にそっくりだった。福祉施設は弱者をこの暴君から解放し、救済の手をさしのべることを目的にした、ミセス・モーガンやミス・マンセルなど、ここに住む女性たちの慈善行為だった。「高潔な域にまで高められた人間の有徳の精神」を目の当たりにして、旅人は圧倒される。

暴君からの弱者救済の恩沢は森に住む動物たちにも広がる。それは人間とは大なり小なり暴君であるという謙虚な認識を館の住人全員が持ち合わせているからだった。森の雉も野生の七面鳥も栗鼠も野兎も苛めということを知らない。人間の姿を見ても恐れることはない。動物たちにとって、人間は「情け容赦ない破壊者、暴君ではなく、弱い生き物を守ってくれる味方」だった。慈善奉仕に注がれる圧倒的献身と犠牲、動物愛護の精神、ここに住む人々の博愛の優しさと謙虚さはどこか宗教的心情に通じるものがある。

小説の冒頭、旅人が見聞するこの部分は、全体から見れば全く無視されてしまうくらい小さな挿話に過ぎないのだが、しかし、当時の目に余る動物虐待の世相や生活困窮者の惨状、そしてそこに起因する犯罪社会の実態などを少しでも想起すれば[*5]、この部分はじつは社会に向けられたこの作品のもうひとつのメッセージではないかと思える。この物語を先に「ロマンティックな友情」の理想を語った作品と述べたが、果たしてそれだけでよかったのかどうか。もしかしたら、作品の本音は、ただ女同士の友情という狭い領域に限定されるだけでなく、また社会に向かってささやかな抵抗を試みるだけでなく、もっと積極的に世人にむかって道義の目覚めを訴えかけることが意図されていたのではないだろうか。たしかにこの作品には、これまで紹介した粗筋からも分かるように、作者の主張がさりげなく仕掛けられている、と読める部分があるし、「当時の社会の病弊に対する万能薬の女性の側からの青写真」[*6]であった。作品の扉には「読者にまっとうな人間感情を喚起し、あわせて美徳を畏怖する心を涵養することができるような挿話と省察を付す」という字句が読めるのである。

❖ 小説『千年紀館』――地上楽園

「千年紀館」の虜になった旅人は、つぎに創設者二人の経歴を聞くことになる。それはミス・ルイーザ・マンセルとミス・メルヴィン（のちミセス・モーガン）の理想的な多分に教訓的なそして「ロマンティックな友情」の物語である。

ルイーザは孤児であった。そして叔母に育てられた。物心ついたとき叔母から、あなたの両親は健在だが、今はイギリスに居ないから、会うことはできない。大人になれば、いろいろ分かることがあると思う、と聞かされていた。孤児はサレー州の片田舎で「自然が造形した最高の可愛らしい少女」に成長した。ルイーザが一〇歳のころ、敬虔なキリスト信者の叔母は、「主よ、この娘の無垢を守り給え！死後もあなたの王国の中にこの娘の居場所が与えられますように！」と祈りつつ、少女の行く末すべてを全能の神にゆだねつつ、息を引き取った。こうしてルイーザは養女としてヒントマン氏の手にゆだねられた。

ヒントマン氏は娘を教養と見識のある一人前の女性に育てるため、マドモアゼル・ダヴォーの経営するフランス系の寄宿学校に入学させる。養父の屋敷で独りぼっちの寂しさに耐えられないでいたルイーザは新生活に希望を託する。その期待は早々と叶えられた。たまたま空室がなく、ミス・マンセルは終生の友となることになる先輩のミス・メルヴィンと同室するという運命的な出会いをしたのだった。（この辺りの事情、そしてその後の事情も含めて、なんとわれわれの二人の女主人公ミス・パンスンビーとミス・バトラーの事情に酷似していることか！　それに作者であるセアラ・スコットとバーバラ・モンタギューの事情とも！）

ミス・メルヴィンは準男爵サー・チャールズ・メルヴィン夫妻の一人娘であった。メルヴィン夫人は「親の決めた意に沿わない」結婚をした。当時の多くの女性がそうだったように。夫人は娘を溺愛し、娘を心身ともに立派な女性に育て上げることが人生最高の目的であるかのように、あらんかぎりの情愛を注いだ。その甲斐あって娘の成長は目を見張るものがあった。それは「母親の期待以上」であった。しかし、所期の目的の十分な達成を見ることもなく、メルヴィン夫人は一四歳の愛娘を残してこの世を去った。それから一年も経たないうちに、父親の再婚があった。継母は娘を寄宿学校に送ることにし、メルヴィン氏を説得、そのくせ、娘にむかって「お母さんとしては気の進まないことなのですが、お父様がどうしてもとおっしゃるのでしかたありません。とっても寂しくなるわ」と二枚舌をつかった。ミス・メルヴィンがマドモアゼル・ダヴォーの寄宿生になって三カ月が過ぎたとき、ミス・マンセルが新入生としてやって来たのだった。

孤児の身で叔母に養育され、その叔母と幼くして死別したミス・マンセル、母親と幼くして死別、継母に養育されたミス・メルヴィンはあまりにも境遇が似かよっていた。そのうえあまりにも似た悲しみと寂しさをまだ幼い胸のうちに抱え込んでいた。かなり年齢の差はあったけれど、同室者の接近はごく自然で急速だった。二人はダンス、音楽、素描などの教養を身につけ、読書に励んだ。ミス・マンセルはダヴォー先生からイタリア語を学び、親友からは地理を教わり、哲学と宗教の手ほどきを受けた。

二一歳になったとき、ミス・メルヴィンは退学することになった。親友はひとり学校に残ってさらに研鑽をつみ、やがて女家庭教師の職を探すことが考えられたが、結局メルヴィン準男爵家の近くに一軒家を求め、そこに住むことにきまった。寄宿生時代以上に二人だけの時間が読書や音楽や散策のうちに過ぎていった。しかし、それは束の間の幸せだった。

その年の秋、メルヴィン家の隣人を訪れたモーガン氏がたまたま寄宿学校帰りのミス・メルヴィンを見かけ、彼女に求婚した。紳士は金持ちで、その点、家庭教師などになるより、はるかにましな彼女の将来の保証者だったが、ただ夫とするには年齢差がありすぎたし、そればかりか健康を害し、このうえない狭量な人間という、ミス・メルヴィンが二の足を踏んで当たり前の男性だった。「どんなに誘われても結婚はしないと決心する」。だが、是が非でもこの良縁(それは申し分のないとまでは言えなかったが、確かに良縁には違いなかった)を成立させようとする継母は彼女の狡猾さをこのときもまた発揮するのだった。あろうことか、継娘が使用人の農場の息子サイモンと密通していると事実を捏造して、夫を通じて娘にモーガン氏と結婚するか、さもなくば永遠に勘当だと脅しをかけた。ミス・メルヴィンはサイモンに直談判すると抗議するが、養母のまえでは全くの無力を知らされる。父も頼りにならない。追い詰められたミス・メルヴィンは、苦渋に満ちた選択に踏み切る。悲嘆と悲惨を沈黙の胸の奥深くに封じ込めながら、自己の真情に背き他人を欺く偽善の結婚を、良心の呵責に苛まれながら、決断する。「平穏が望めそうなお墓のほうがまだましなような気がするわ」と友人に告白するのだった。

この結婚によって、親友同士は会うことも文通も思うにまかせぬ事態に直面する。二人はこれまでになく強い友情の絆を感じながらも、生涯会えないのではないかと絶望的な思いに捉らわれる。ミス・メルヴィンはモーガン夫人となって、新郎の待つ屋敷に旅立って行った。

一方ミス・マンセルは社交上知り合ったレディ・ラムトンの屋敷に寄寓することになる。彼女は教養ある優しいしかも雅量にとんだ女性だった。ミス・マンセルは友と別れた寂寥を慰められながら、一年余りを過ごしたとき、当家の御曹司サー・エドワード・ラムトンが四年振りにヨーロッパ旅行から帰国した。青年貴族は二三歳、当時盛んだったグランド・ツアーとよばれる修学の旅に出ていたのだった。

さらに半年ほどが経った。幸か不幸か予感が的中した。ミス・マンセルはエドワードから熱烈な愛の告白を受ける。しかし、これは身分違いの許されざる恋、両親も定かでないミス・マンセルとの結婚にレディ・ラムトンは猛反対した。人品骨柄の優れたエドワードの度重なる求愛にミス・マンセルの気持ちは動くが、結局、寄宿生時代のダヴォー先生に助言を求め、エドワードの前から姿を消す道を選ぶ。

恋人が突然行方をくらましたショックに、エドワードは「この苦しみから救われるにはただ死の手にたよるしかない」と言って、ドイツ戦線の英国陸軍部隊の自由志願兵になる。ミス・マンセルはダヴォー先生の紹介でミセス・ソーンビという貴婦人の家にメニルと名を変えて、侍女として住み込むことになる。女主人にすっかり気に入られたメニルことルイーザ・マンセルは「こんな仕事に生まれついた女《ひと》とはどうしても思えない、これまでのことを詳しく聞かせてください」とせがまれた。メニルは本名をルイーザ・マンセルだと明かす。そして分かったことは、このミセス・ソーンビがルイーザの実の母親であるということだった。マンセル氏との死別、再婚、その二度目の夫ソーンビ氏ともイタリアで死別、傷心のうちに、ただし十分すぎるほどの遺産を相続して、彼女は帰国をしたのだった。

母娘の再会から七年、ルイーザ二四歳の年に母が熱病にかかって、四万ポンドの遺産を娘に残してこの世を去った。その間エドワードはドイツで従軍中戦死した。ふたたび寄る辺ない身となったミス・マンセルは忘れることのなかった親友モーガン夫人を訪ねる。予期せぬこの再会は「友情の細やかさと優しさをだれよりも信じている二人にあってこそ可能な最高の喜び」であった。

ちょうどその頃、モーガン氏は四肢が麻痺する難病を患っていて、親友は介護に明け暮れていた。窮状をみかねたルイーザは看護の一端を担い、友を助ける。再会から三カ月のちモーガン氏は妻に家屋敷を残してこの世を去った。疲労と憔悴の極に陥った未亡人はルイーザの友情と転地保養によって体力と気力を取り戻した。

このとき二人は「隠棲することを決めた」。年齢から言っても、資産から言ってもだれもが羨むほどの安定と華やかな生涯が保証された境遇にありながら、あえて冒険の新たな出発を選択し、「充実感が人の道にかない、しかも一時の幸福だけでなく、永遠の幸福にもつながる生き方を希求した」。二人は私財を投じ、「地上楽園」を夢みて、「千年紀館」を設立した。遊戯も饗宴も仮装舞踏会もない、虚飾を排し、一切が簡素の一言に尽きる、ひたすら自然を友とし、散策と庭いじりと読書に明け暮れる静穏な生活を念じて。

そして二〇数年が経過した。

嵐の夜、二人の旅人がここの客人になったとき、彼らは「地上楽園」を目の当たりにしたのだった。

❖ 自立する精神の深さと自在さ

以上は『千年紀館』の主要部分の筋書きだが、いささか長すぎる紹介になったのは、ここに「ロマンティックな友情」がかなり具体的に「解説」されていると考えたからにほかならない。

桃源郷を彷彿させる理想的な自然環境、豊かな教養と知的生活、信条実践の場としての慈善活動、けっして平坦とはいえない境遇にもめげず、理想とする共同生活体を実現させた二人の女性の強い意志、共有・共感しあう女同士の友情。それは女性同士で男性の愛を越える精神の新しい領域を模索して、自律的な生涯を生きることであった。

同時に、それは女性同士による隠棲・幽居への憧れでもあった。隠棲にしても、幽居にしても、それはそれまでの公私両面にわたる大小のしがらみと決別することを意味したから、時によっては女性同士の駆け落ちという過激な行動を伴うこともあった。たとえ『千年紀館』の二人のように、実際の駆け落ちはなくても、門地家柄の支配から逃れて初めて夢が成就する経緯は「駆け落ち」と同義だった、と言うことができる。

言うまでもなく、それはしばしばスキャンダルの種になった。それにもかかわらず、彼女らの因習打破と新機軸が、あまりにも堂々としていたために、あらゆる規則と先入見、慣習、ジャンルに関わる決まり事を踏みにじっていたにもかかわらず、だからこそ挫折の事例も多々あったが、成功の暁には、ミス・バトラーとミス・パンスンビーの場合が最好例だが、いわば社会の異分子から一転して羨望の賛意をもって迎えいれられた。そのことは、後章で扱うように、時代の名士たちとの思いがけない辺境の地での社交の展開につながった。

一七七八年に二人が出奔したとき、同時代人が二人の関係を説明するために使用した「ロマンティックな友情」という言い方は捉らえどころのない表現である。しかも、多くの文献が二人の出奔を「駆け落ち」(elopement)と表現した。一見奇異に響く言葉だが、当時、駆け落ちは現在のように男女間に限定された、性的な意味合いを伴う言葉ではなく、たんに「家出、失踪」を意味した。また「ロマンティックな」という形容語は、当時なにごとであれ、空想的なこと、気紛れなこと、現実離れしたこと、馬鹿馬鹿しいことを意味した。つまり、勝手気ままな、野放図な絵空事を思い描くことであり、その点、結婚とか金銭とか地位とかに拘泥せず、いわば社会に背を向け、ひたすら精神の自立と人格の陶冶を希求したこの二人の貴婦人の行動は、同時代人の目から見れば、紛れもなく法外、逸脱、非常識であり、E・メイヴァーは、なぜ彼女たちが「ロマンティックな友情」の二人と呼ばれたか、容易に想像できるとした。もっともこの多義語も、その頃ようやく、それまでの語義を蔑み語のそれから微妙にどちらかというと褒め言葉的な語感へと変化させ始めていた。だから二人に対する呼称としては必ずしもマイナスのイメージばかりではなかったのである。

また、出奔、隠棲をはじめとする、この二人に際立つ独自性、つまり、清貧、勤勉、古典についての並々ならぬ博識、読書、外国語の習得、庵、庭いじり、多彩な社交、ゴシック趣味、日記、偏頭痛、多感、独身などの諸項目も、彼女たちが「ロマンティックな友情」の二人と受け取られた有力な証拠になるとE・メイヴァーは指摘した。

ここでタイ夫人の手紙をもう一度取り上げることにしよう。二度目の出奔があった直後の一七七八年四月二日にゴダード夫人に送られた手紙である。「一見軽率な言行と思われるのですが、重大な不埒はなにも犯していないと確信しています。殿方は関係なしです。たんなる『ロマンティックな友情』による企み以外のなにものでもなかったように思われます」。

興味深いのは、「殿方は関係なし」、だから「ロマンティックな友情」ということができる、という文脈で読めることである。異性間ではなく同性間の出来事だった、女性間の出来事だった、それならば「ロマンティックな友情」といってよい、との含意がある。「ロマンティックな友情」とはあくまで女性間の関係について用いられる表現らしいことが分かる。英文ではRomantic Friendshipと大文字で表記されている。この言葉が当時一般にとまでは言えないにしても、なんらかの形で流布していたことのささやかな証拠にはなる。でなければ、こうした特別な言葉遣いはできなかったはずである。たんに発信者と受信者間の造語・隠語であったとは考えにくい。大文字であることも意味深長である。「ロマンティックな友情」が一八世紀英国社会において流行語であったというのは言い過ぎだとしても、ある限定された階層では、この言葉が流布していたらしいことは確かである。したがって、この言葉が、ある意味で社会的認知を得ていたと考えられる。L・フェダーマンが『男性の愛を越えて』において、「一八世紀におけるロマンティックな友情の〝流行〟」と題する一章を設けているのは、今の場合きわめて示唆にとむ。

『千年紀館』で見逃すことができないのは、筋書きからも明らかなように、性的表現は無論のこと、その暗示すら一切見いだすことができないという事実である。「ロマンティックな友情」とは、この理想化された小説のように、性的な関係抜きの女同士の「高級な友情」を意味するものなのだろうか。レズビアンとは一線を画した女性間の関係なのであろうか。セクシュアリティをめぐる認識の時代差を考慮すれば、問題の捉え方として、性的関係があればレズビアン、そうでなければ「ロマンティックな友情」といったような割り切り方はむろん危険である。今日のわれわれの感覚・理解は通用しにくいと覚悟しなくてはならない。一八世紀、女性同士の関係について、境界が曖昧なまま、呼称を異にする、右のようなふたつの捉え方がたしかに共時的にあった。

『ゲイ・一〇〇人』（邦訳名『ゲイ文化の主役たち』）の著書があるポール・ラッセルは、同書のメアリ・ウォルストンクラーフト（一七五九—九七）の項で、ふつう伝記では語られることのないファニー・ブラッドとの一〇年間（一七七五—八五）の「友情」に言及して、次のようないかにも歯切れの悪いコメントをしている。[*7]

メアリ・ウォルストンクラーフトは一七八〇年代のレズビアンだったのだろうか？　答えはノーである。彼女にはこの言葉の意味がきっと解らなかっただろう。当時レズビアンなどは存在しなかったのである。ただ、彼女の場合、女性同士の生活を熱望し、感情面でも第一義的には同性に向けられていたし、男性による不当な女性支配にたいして深い洞察と情熱を傾けて批判した女性だったといえる。（中略）それなら一八世紀のレズビアンは誰だったのか？　おそらくメアリ・ウォルストンクラーフトにそのままそっくりとは言わないまでもきわめて類似した女性ということになろう。

この曖昧さ、矛盾に近い曖昧さは筆者ポール・ラッセルの責任というより、女性問題に関して初期段階にあった一八世紀そのものが抱え込んでいた曖昧さにもっぱら責任があるというべきである。一九世紀半ばまで、女性同士の恋愛を社会からの逸脱として表現する言葉はなく、逆にそれは「ロマンティックな友情」という曖昧な表現のもとである意味での社会的認知を獲得していたのである。

また「ティーンエージャーで私は自分がレズビアンだと思い始めました」[*8]と自らの同性愛的性癖を否定しないL・フェダーマンは、その著『男性の愛を越えて』で、女性のレズビアニズムといわれる事例にも性関係をともなわない場合が文献上多く認められるという事実に当惑を隠さない。[*9]同女史は、女性の愛情関係ときけば即性的関係と規定し、女性同士の愛情をそんな狭い関係の中に閉じ込めてしまうのは、男性側の身勝手な解釈であるとしながら、熱い情念と強い愛情に結ばれたレズビアンの関係にある女性間に性的行為があるのは当然だとしても、それは二人の関係の全部ではないだろうし、逆に性的行為が欠如する場合もあると考える。そして、相互に選ばれた二人がなによりも大事にするのは、だれとよりも多くの時間をともに過ごし（時には一緒に死にたいと願うほどに強く惹かれ合い）、献身と信頼のなかで人生を共有することであったとする。これは限りなく「ロマンティックな友情」に接近する。それればかりかエレナー・バトラーとセアラ・パンスンビーの事例に合致する。二人の場合、なんと五〇年間、どんな事情があっても、一人だけで一晩として外泊したことはなかった！

そして、こうした情念に結ばれた女同士の友情には、時と場合によって、なにがしかの性的関係が入り込むこともあっただろう。抱擁する、キスする、時には一晩中ベッドのなかで抱き合ったままでいるというようなことがあっただろう。その意味では、確かに彼女たちはレズビアン的であったかもしれないが、レズビアンそのものとはいえないだろう。まさか彼女たちが女と女が寝る関係に精神の自由と地位向上を託したなどとはとうてい考えられることではない。

繰り返して言えば、一八世紀には、女性同士の関係について、「ロマンティックな友情」と「レズビアン」という呼称を異にする、二つの捉え方が共時的に存在した。両者はかならずしも対立したり、峻別されていたわけではない。「ロマンティックな友情」は従来にない女性同士の「新しい型」の友情であった。新しい親密な女性の関係だった。おそらくレズビアニズムという範疇には収めることができない、なにか新しい要素を伴っていたのだった。たとえレズビアンのように、性的関係を伴うことがあったとしてもである。

自立と自由、献身と没我、共鳴し合う女性の精神が発見した、恋愛感情を伴うこともあったはずの新領域としての「友情」が切り開いたものは、独我的な精神の深さと自在さである。

第三章　選択する女たち

❖ フランス修道院の感情教育

　ここで舞台をイギリスからフランスに移して、つまり少し別な角度から、エレナー・バトラーとセアラ・パンスンビーの二人と時代背景の関連を考察することにしたい。すでに指摘したように、エレナー・バトラーはフランスで生まれ、いったんアイルランドに戻ったものの、ふたたび渡仏、多感な人間形成期にフランス北東部のカンブレにあるイギリス・ベネディクト派の慰みの聖母マリア修道院付属学校で良質な教育を受けたのである。この事実は重要である。そして、このフランス仕込みの先輩をこよなき友としたことによって、ミス・セアラも同様に洗練されたフランス風教育を間接的に身につけることができた。二つの精神は同型の感情教育に浸されながら、交友を確かめあい、深化させることができたのだった。

　修道院教育については賛否両論、極端にその評価が分れるのが一般だが、ジョンソン博士と長年親交をもったスレイル夫人（一七四一―一八二一）はフランスを巡遊したおり、たまたま訪れた修道院で見聞した尼僧たちの高貴な凛然たる気概と精神の柔軟さに完全に虜になり、たとえウェルギリウスを読むだけでもいいから、修道院入りをしたいと考えたほどだった。一方でブルーストッキング派の中心人物の一人ミセス・カーター（一七一七—一八〇六、一八世紀、婦人への敬称として三〇歳以上の女性に未婚・既婚にかかわらず「ミセス」をつけた）のように、修道院の実態は建前とまるでちがって献身の学舎なんかでは絶対にないと非難した者もいた。功罪論はともかく、ミス・バトラーの「修道院留学」（一七六三—六八）は彼女に深く刻印され、終生消えることはなかった。その「刻印」とはどのようなものであったのだろうか。一言で言うなら、当時のフランス啓蒙主義の合理思潮のなかで、ルソーの前ロマン主義がもたらした感情教育だった。

「留学」をしていた一八世紀半ばのフランスは、ディドロ（一七一三—八四）、ダランベール（一七一七？—八三）を中心に達成された『百科全書』の刊行（一七五一—七二）が意味するように、啓蒙主義の思潮がひとつの到達点を劃した時期だった。それは、結局フランス革命まで行き着かなければならなかった潮流ではあるが、人間的・実証的・世俗的価値観が旧来の神学や哲学の体系、高位聖職者や大貴族や高等法院に代表される旧イデオロギーの領域を侵食しはじめた時代であった。『百科全書』にはモンテスキュー（一六八九—一七五五）、ヴォルテール（一六九四—一七七八）、ルソーなど時代を代表する人物が執筆陣に名を連ねた。この壮大な合理思想の時代にあって、ルソーは政治・社会理論の領域だけでなく、文芸の分野においても巨人の足跡を残した。具体的には、主情的・感情吐露的な傾きの濃厚な『ジュリもしくは新エロイーズ——アルプス山麓の小さな町に住む二人の恋人の書簡集』（一七六一—二）、あるいは『告白』（第一部一七八二、第二部一七八八）である。この二作品は、ロマン主義を予兆する鋭敏な感性とその感性ゆえの精神の苦悩の甘美さが当時の人々を広く捉えた。自我の解放の先駆的空気の華やかさが社会の大きな関心を集めた。ことに前者が一八世紀フランスにおける最大のベストセラーとなったことは広く知られている。ヨーロッパ各国に迎え入れられ、「国際的事件」となった。驚くべきことに、英語版はフランス本国での出版と同じ年にしかもロンドンとダブリンで出版された。

出版前夜の状況を著者ジャン゠ジャック・ルソーは『告白』第二部第一一巻に「だいぶ以前から原稿は印刷所にまわっているのに、一七六〇年の暮れになっても『ジュリ』はまだ出ない。それなのになにやら大騒ぎをしている。……パリ中がこの小説を読みたくて痺れをきらしている。サン゠ジャック街、パレ゠ロワイヤル街の本屋には問い合わせの人々が殺到した」[*1]と書いた。じつは公刊前に版元でゲラ数部が抜き取られ、すでに社交界の一部に流布して、とくに女性の間で、話題になっていたのだった。

この作品は謝肉祭のはじめに世に出た。本の行商人がこれをタルモン大公夫人に届けたが、ちょうどオペラ座で舞踏会がある日だった。夕食後、大公夫人は舞踏会にでかけるため着替えをした。そして出掛けるまでの待ち時間に、出たばかりの小説を読みはじめた。夜半、夫人は馬をつけるよう命じて読みつづけた。馬車の用意ができましたと言われても、返答もしない。召使たちは、彼女が夢中になっているのをみて、二時でございますと申し上げた。「そんなに急ぐことはありません」と答えて、相変わらず読みつづけた。しばらくたって、時計が止まっていることに気づいて、鈴をならしていま何時ですかと訊いた。「四時です」という返事を聞くと、「それでは舞踏会にはもう遅すぎます。馬をはずすように」と言って、衣装をぬいで、夜明けまで読みつづけた。[*2]

出版は想像をこえる「大成功」だった。『新エロイーズ』はフランスで一八〇〇年までにじつに七二版を重ねる大ベストセラー、ロングセラーになった。注目すべきは、フランスでの出版におくれることわずかに三カ月、つまり一七六一年四月から、ウィリアム・ケンリック訳による最初の英語版の刊行が開始され、半年かけて一〇月に完結した事実である。この英訳版は『エロイーズ――あるいはＪ・

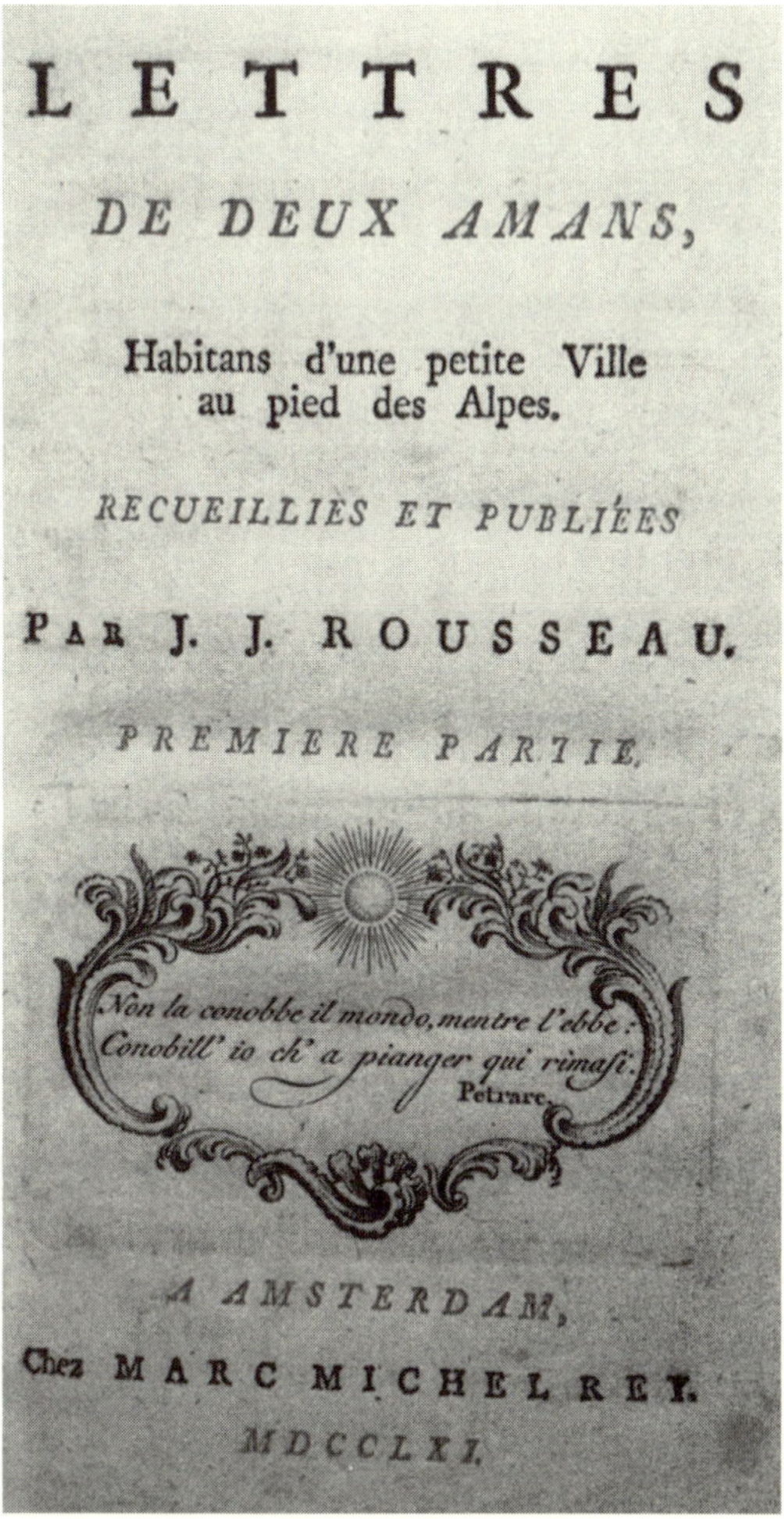

LETTRES

DE DEUX AMANS,

Habitans d'une petite Ville
au pied des Alpes.

RECUEILLIES ET PUBLIÉES

PAR J. J. ROUSSEAU.

PREMIERE PARTIE.

Non la conobbe il mondo, mentre l'ebbe:
Conobill' io ch' a pianger qui rimasi.
Petrarc.

A AMSTERDAM,

Chez MARC MICHEL REY.

MDCCLXI.

「アルプス山麓の小さな町に住む二人の恋人の書簡集」
(1761) のタイトル・ページ

J・ルソーによる収集・公開の原往復書簡集』と題され、原著の六部構成を四部に組み替えたばかりか、ジュリを抹消して、ジュリが本来担っていた、中世の神学者アベラールとその恋人と目される尼僧エロイーズへの暗喩を完全に無視してしまった。しかし、ケンリック訳は以後一八一〇年まで、エディンバラ版(一七七三)をふくめて、全英訳版の基礎となった。ジュリの名が復活するのはこのエディンバラ版からだが、いっそう忠実な原題による英語版が刊行されたのは一九六八年だった。

英訳版『新エロイーズ』は一七六一年にロンドンとダブリンで出版された。ロンドンでは同じ年に第二版が出た。ついで六四年に第三版が、六七年に第四版が、という異例の売れ行きを示した。アイルランドでも事情はさして変わらなかった。

フランス「留学」中に、ミス・バトラーが前ロマン主義の空気の中でルソーからどのような感化を受けたか、諸資料は十分な説明を与えてくれない。しかし、手掛かりがない訳ではない。「留学」の時期が一七六三年から六八年、そのことは『新エロイーズ』の出版直後から同書がパリで関心を集め、確実に版を重ねている数年間に符合する。「留学生」がなんらかの形でこのベストセラー書と遭遇していないと考えるのはむしろ不自然である。もっと積極的に、語学に、フランス語はむろん、イタリア語にも堪能だったミス・バトラーは、ここに描かれたジュリの悲恋とその恋に終始同情するジュリの従姉妹クレールとの熱愛にも近い女同士の友情に、まるで蚕がすっぽり繭に包まれるように、囚われていたのではないか、と考えてよいのかもしれない。

事実、エレナー・バトラーが残したプラース・ネウィズの日々を記録した日誌には、ルソーの名が頻繁に登場する。「わたしのサリーにルソーを読んで聞かせる。あの人は模造皮紙に地図を描いていたが、熱帯地方でミスをやらかし午前中の努力は水の泡。……夜通し雨降りしきる」(一七八五年一〇月七日)、「ウォリー氏の訪問あり。犯罪と刑罰についての退屈な論文。迷惑千万、縛り首にしてやりたいくらい。

（中略）七時から一〇時までルソーを読む。安らぎと喜びの一日」（同年一一月二一日）、「激しい雪。一二時から三時までわが愛しき人にルソーを読む。あの人がこの日記帳の題扉をデザインしてくれる」（同年一二月一一日）、「（オウェン氏が）ルソーの珍しい逸話を聞かせてくれる。絵の上手な人なので、この薄倖な無類の天才の肖像を所望したところ快く応じてくれた。鉛筆を取り出して、哀れなルソーが毛皮で縁取りした服と大きなマフを着用した像（すごく似ていることを納得）を二点仕上げてくれた」（一七八八年二月四日）など。[*3]

こうしたルソーへの関心の延長線上にある小説として、ミス・バトラーは本国で人気が出ていた『千年紀館』についても、あるなんらかの知見をもっていたかもしれない。「留学」を終えてアイルランドに帰国してからは、『新エロイーズ』と同様版を重ねていた、この「ロマンティックな友情」の教則本がミス・バトラーの視野に入って来なかったはずがない。ミス・パンスンビーにしても、『新エロイーズ』が上述のようにダブリンで出版されている事情を考えれば、単独で、まだほんの少女であったとしても、キルケニーでこの小説に接していたかもしれない可能性を完全には捨て切ることはできない。出会いの後は、二人は、ルソーに『新エロイーズ』を執筆させる源泉となったといわれるサミュエル・リチャードソンの小説とともに、セアラ・スコットの小説やルソーの著作を一七七八年の「出奔」まで熟読・熱読していたのではないだろうか（『千年紀館』は一七七八年に四版を数えた）。

しかし、『新エロイーズ』と『千年紀館』を主題の面で同列に扱うのは妥当ではない。前者は言うまでもなく「ロマンティックな友情」を主題に据えた小説ではないからである。にもかかわらず、ミス・バトラーとミス・パンスンビーの二人にとって、両書は、こと「ロマンティックな友情」に関するかぎり、同じ意味を隠しもった「天啓の書」であっただろう。「まるで二人のために書かれたといってよさそうな作品で、（中略）両人のロマンティックな精神の範例として読めるのではないだろうか」。[*4]

❖『新エロイーズ』――ジュリとクレールの女同士の熱い友情

スイスのヴォー地方の貴族デタンジュ男爵の一人娘ジュリ(一八歳)に平民出身の家庭教師の青年サン＝プルー(二〇歳)が激しく恋をする。『新エロイーズ』の恋人たちの試練は、そのままミス・バトラーとミス・パンスンビー二人のそれだった。それぱかりか、二人は、苦境にあるジュリとそんな彼女に同情する同い年の従姉妹クレールの女同士の友情に自らの友情の理想的投影を見出した思いだったにちがいない。それは異性間の愛情を越えた、さらに崇高ともいえる情愛であった。サン＝プルーはジュリに宛てた書簡(第一部、書簡三八)に次のような文言をしたためた。[*5]

ああ、なんという魅惑的な光景だったでしょう、むしろなんという陶酔だったでしょう。人の心を動かして止まないあれほどの美しいお二人が優しく抱擁し合い、ひとりが顔を相手の胸にあずけ、共に甘い涙を流し、ちょうど天の露が開いたばかりの百合の花を潤すように、その美しい胸を涙に浸しておいででした。そんな優しい友情が妬ましく思えました。そこに男女間の恋愛以上に心惹かれるなにかがあるように思われました。……お二人の互いの愛撫ほど感動的な共感を引き起こす力はなにものにも、いや、この世のなにものにも存在いたしません。あれが二人の恋人同士の光景であったならば、あれほど甘美な感動はわたしの目に訪れはしなかったでしょう。

ジュリを愛して全身全霊を捧げるサン＝プルーにさえこう言わせるほどの女性同士の友情である。異性間の陶酔と苦悩をその最高の高みでそして深さで体験しているただ中のサン＝プルーにさえ、まぢかに見るジュリとクレールの同性間の友情はそれに勝ると思われた。ジュリとの初めての接吻に、その「薔薇のような唇」が彼の唇に重ねられたとき、「心臓が恍惚の重みに堪えかねて止まる」かと思われ、「たった一度の接吻でさえわたしの心は千々に乱れ、もとに戻ることは不可能です。もうもとのわたしではなく、もとのようにあなたを見ることもできません」（第一部、書簡一四）とジュリに痛ましいほどに真情の吐露をつづけたサン＝プルーにして、異性間の愛を越えたものと思わせたのだ。

ジュリとクレールの激しい友情は物語中の結婚愛をも圧倒せんばかりである。クレールはやがて結婚するはずのドルブ氏にむかって、あなたよりジュリのほうがずっと大切です、と言って、相手を啞然とさせるのである。結局、クレールは結婚をするが、夫と死別すると、ジュリとの再出発をひたすら願う。ジュリは二二歳で親が決めた三〇歳以上も年上のヴォルマール男爵に嫁ぎ、二男児に恵まれる。だが、長男が七歳のとき、母子はジュネーヴ湖岸のシヨン城に遊び、悲劇に見舞われた。母親の手を離れて、崖の上の小道を駆け出した息子の一人が「つまずき、足を滑らせ、湖中に落ちた」。息子が転落するのを見ると、母親は「矢のように走りだし、後を追って水中に飛び込んだ」（第六部、書簡九）。これがもとでジュリは死の床につくのだが、妻の最後を伝えるヴォルマール氏の長い長い書簡（第六部、書簡一一、サン＝プルー宛）は、妻を失う男の苦しみと悲しみを認めながら、一方で「ジュリの最後の時間」を精密に綴った書簡となった。そこにはサン＝プルーが賛美した女性間の友情、いわば「ロマンティックな友情」の極致ともいうべき姿が描かれている。

クレールは二晩も三晩もジュリに添い寝し、傍らに付き添う。その従姉妹の手をジュリはかたく握りしめ、次のように言う。

これまで数々の至福が多くの人に分かち与えられました。でもこれは、これだけは！（中略）神がわたしだけに賜ったのです。わたしは女でした、そしてわたしの友も女でした。神はわたしたちを同じ時に生まれさせてくださいました。わたしたちに裏切りを知らない一心同体の性質を恵んでくださいました。わたしたちの心をお互いのためになるように造ってくださいました。ベビーベッドの時から一つに結びつけてくださいました。一生涯長い間この友を離さずにきました。

最後にジュリは夫ではなく、クレールの胸に抱かれながら息を引き取る。そして右の書簡に同封されたジュリの恋人宛の遺書には、神の御手に一切を委ねる安心立命の境地のなかから、かつての生きる力となった情熱に死に瀕した瞬間にもなお元気づけられていること、その情熱に今は身を委ねることが許されようと告白する。「地上でこそ二人を分け隔てた美徳ではありましたけれど、かならずや永遠の棲家で二人を結び合わせてくれるでしょう。この心弾む期待をもって死んでいきます。この生命と引き換えに、あなたを今までどおり愛して罪にならぬ特権を、そしてもう一度、あなたを愛します、と言える特権を享受できることを無上の幸せというよりほかありません」と遺書を結んだ。死後に地上の愛の成就を確信することがロマンティックでなくてなんであろう。ジュリのひたむきさは、現世で望みうる至高の愛の様態ではなかったか。彼女の愛の迫真性と彼岸性はまさしく「ロマンティックな友情」の神髄を語っている。

こうした友情をなぞるかのように、後にエレナーは、とくに頭痛に苦しむとき、セアラを求めて、日記に「一晩中咳き込み恐ろしい頭痛に襲われたあげく、八時に起床。わが最愛の人、わが最も愛しき人、ベッドの傍らに付き添って寝もやらず、わたしの病いを悲嘆し、その優しさで頭の激痛を和らげてくれました」、「終日、持病の恐ろしい頭痛をかかえたままベッドに伏していました。わたしのサリー、わた

「新エロイーズ」挿絵、〈ジュリの死〉

しの優しい人、わたしの可愛い恋人はわたしに付き添って、頭を抱きかかえ、支えてくれました」[*6]と記したりした。

L・フェダーマンは、ルソーが描いた女性間の愛は、一八世紀当時フランスにあっては特別なことではなく、しかも、それはずっと以前から存在した女性同士の友情をモデルにしたもの、と述べ、現実に登場した代表例として、フランス・ロマン派の先駆者となった文学者、スタール夫人（一七六六—一八一七）とレカミエ夫人（一七七七—一八四九）との間に交わされた書簡に記録された友情を指摘する。[*7]そして二人の往復書簡は、一八世紀にとどまらず一九世紀にも及んだフランスにおける「ロマンティックな友情」が、情念の表出においていかに激しかったかを例証するものであるという。「ロマンティックな友情」が一八世紀から一九世紀にかけてヨーロッパにかなりの広がりをもった事象であったと考えてよく、したがってエレナー・バトラーとセアラ・パンスンビーの事例も例外というより、むしろ同時代に指摘できる類似の事例のうちのひとつであったと考える方が適切である。

❖ ブルーストッキング派の女性たち

ふたたびイギリスに戻ろう。イギリスに戻って、これまでの『千年紀館』、『新エロイーズ』のような、いわば教則本的役割を果たしたフィクションにみられる「ロマンティックな友情」から、先駆的実践者にみられる現実の「ロマンティックな友情」へ話題を移したい。そこにはより鮮明に「ロマンティックな友情」の姿が浮かび上がるはずである。

ここで先駆的実践者として名乗りをあげるのは、エリザベス・カーターとキャサリン・トールボット

（一七二一—七〇）である。二人の友情は一七四〇年代からおよそ三〇年間キャサリンが死ぬ一七七〇年まで続いた。その交遊は、当時ようやく世間にその存在を知られるようになった、いわゆる「ブルーストッキング派」に名を連ねた、高度に知的な関心と古典教養を身につけた女性集団における典型的な人間関係として捉えられる。

　周知のように、ブルーストッキング派は一七四〇年代から一九世紀初頭までロンドンで著名男性文士を交えた文芸サロンを営んだ女性グループである。「ブルーストッキング」の語そのものは、すでに一七世紀半ば、例のクロムウェル時代のいわゆる「ベアボーンズ議会」（一六五三）、正式には「小《リトル》・議会《パーラメント》」の呼称で知られる集団によって使用されたのがそもそもである。つまり清教徒主義を反映して、もったいぶった「正装を忌避し、簡素な服装を唱えて」、青い長靴下を着用したのだった。当時社交界のしきたりは、白の絹の長靴下が正式の夜会服用と決まっていた。そして、この語が現在のように「知的で進歩的女性」、時には「文芸趣味の女性」、「学才をてらう女性」を指して用いられるようになったのは一九世紀初頭だが、それは、一八世紀の半ば、ロンドンのモンタギュー邸やヴィージィ邸で行われた社交の集いに端を発する。

　あるとき、会合にベンジャミン・スティリングフリートという男が平服用の青の梳毛の長靴下を着用して出席した。この紳士、植物学者であり、古典学者というなかなかの知識人だったが、いささか奇矯な人物でもあった。たちまち物笑いの種となった。一七五六年にはエリザベス・モンタギューの書簡に、この風変わりな紳士を揶揄する言葉として「ブルーストッキング」の語が登場した。[*8] やがて誰いうとなくモンタギュー邸のサロンに出入する紳士・淑女に「ブルーストッキング」なる渾名がつけられた。それがしだいに対象を絞って、ようやくその特異な主張が目立ち始めた一群の文芸趣味の強い知的女性を揶揄する呼び名となった。それは「ブルー・ストッキンガーズ」（Blue Stockingers）、「ブルー・ストッキング・レディズ」(Blue Stocking Ladies)などと呼び方を変えながら、世紀の変わり目には「知的で進歩的女性」に当てはめられるようになった。

ブルーストッキング派の活動は、第一世代と第二世代にわけて考えるのが一般である。第一世代といわれる女性たちには、同派の代表者ともくされるエリザベス・モンタギューのほか、エリザベス・カーター、キャサリン・トールボット、ヘスター・シャポーン(一七二七―一八〇一)、メアリ・ディレイニー(一七〇〇―八八)、エリザベス・ヴィージィ(一七一五?―九一)などの名をあげることができる。あるいはここに『千年紀館』の著者、セアラ・スコットの名を加えてもよいだろう。第二世代は、第一世代を手本にし、その実績に影響された女性たちであったが、ヘスター・スレイル(再婚してミセス・ピオッツィ、一七四一―一八二一)、ファニー・バーニー(結婚してマダム・ダーブレイ、一七五二―一八四〇)、ハナ・モア(一七四五―一八三三)などがこれに属する。

彼女たちは、男性中心の社会に上流階級の女性として生まれ、精神の自立を求め、主に文筆家としての生涯を選択して、それなりの成功をおさめた一群の女性たちである。だれもが際立って高い知性の持ち主だった。だれもが文芸への強い関心をもち、なかには、キャサリン・トールボットのように、一五歳で『イーリアス』を読んで、といってもポープによる英訳版であろうが、読後感を女友達に長々と手紙にして書き送ったりした事例があるように、[*9]ギリシャ・ローマの古典に対する深い造詣をもった者もいた。多数の手紙を書き、日記をつけた。詩人であり、エッセイストであり、文芸評論家であり、古典文学の翻訳者であり、その仕事を当時の文芸誌・評論誌上に発表したり、著作として出版した。あるいは当代の一流男性文士との社交を楽しみ、回想記を綴ったり、時には小説を書いたりもした。彼女たちはロンドンの社交婦人のカード遊びやダンスやゴシップにあけくれる遊興的な集いを嘆いて、「改革」を志し、あわせて道徳的・知的に自己啓発をはかろうとしたきわめて目的意識の強いグループだった。

この自律的な女性たちには、文学趣味や教養をてらう女たちという揶揄のレッテルが、一八世紀からじつに長い間つきまとった。同時代人のサミュエル・ジョンソンは、説教調で話す女は後脚で歩く犬だ、などと嘲笑した。「美貌にまさる値打ちをもった女は稀である」。あるいは「汝ににつかわしくないものを知ろうとしてはならない。禁じられた知識を求めて猪突猛進してはならない。知識過剰の女より知識過小の女のほうが幸せである。（中略）汝の王国は自分自身の家庭であり、その仕事は家族の世話である。」[*10]など男性本位・優位の一方的で露骨な言辞は枚挙にいとまがない。しかし、今では、ブルーストッキング派の運動にフェミニズム的意識を認めることは常識化したといってもよいが、ただし、それはあくまで現代のフェミニズム思想とは一線を画した萌芽段階として捉えられるはずのものである。なぜなら彼女たちは社会的・文化的性差を強く意識していたにもかかわらず、どちらかと言えば、性の問題はまだ視野に入っていなかったと思われるからである。今日では、性の問題にこそ、性差別がもたらす矛盾・歪みが最も先鋭に最も痛ましい形で現れるという認識はきわめて一般化したとしても、そこにたどり着くためには、社会も科学も現代にむけて大きく変わらなければならなかった。一八世紀半ばロンドンの上流階級のサロンに集まった女性たちの認識・自覚の甘さを指摘しても、それは一種無い物ねだりに等しいだろう。

それより建設的なのは、彼女らが見据えていたことに誤りはなかったこと、やがて大きな結実をもたらす萌芽であったことにこそ目を向けるべきだろう。不当に拒まれ続けてきた教育の機会均等とそのことを手掛かりとした男性への隷属からの女性解放が関心事であったにもかかわらず、同派の問題意識はかならずしも政治的・経済的な色彩を濃くすることはあまりなく、ひたすら文芸面での才知を競い合ったように思われる。婦人参政権という政治的課題すら影が薄かったのではなかろうか。社会・文化全般を包括する広い視野に立脚した運動というより、やはり時代的制約のなかでサロン的思考の域からはなかなか出にくかったのではないかと考えられる。

　しかし、一七九二年にメアリ・ウォルストンクラーフトが『女権の擁護』を公にしたとき、ブルーストッキング派が提示した姿勢は、ようやく脱サロン的・社会的広がりをもつことができる明確な形に体系化され、時代を劃する宣言となった。女性を性的対象と見なす男性の紋切り型の発想に強く反発し、それがいかに女性のリアリティを歪め、ジェンダー意識に支配されたステレオタイプであるかを主張した。女性から教育を奪い、経済力を殺ぎ、男性に従属する男性に都合のよい家庭的奴隷や魅力的娼婦という役割に女性を閉じ込めておこうとする因習社会に抗する熱っぽい宣言だった。

　ブルーストッキング派の女性たちが恋愛・結婚をめぐる性愛の問題に無関心だったわけではない。別に独身主義を標榜したわけではない。あからさまに男性不信を唱えたわけでもない。むしろ積極的に男性との交際を求め（当時は男女がパーティなどで同席することはきわめて稀であった。むしろ厳禁されていた）、男性を人生の先達として彼らから学ぼうとする協調的な姿勢があった。それでも、結婚しないでいることは当時としては捕囚の身となることからの快適な逃亡で大いにありえた。専制的、強圧的な要素と切り離すことができなかった異性間の愛より、堅い友情の延長線上に期待できる女同士の同性間の愛に安定と優越を発見しようとしたのだった。結婚から足が遠のいたのもやむをえなかった。かわってというより、ごく自然に、仲間同士の友情が重んじられた。結婚はそんなかけがえのない友情の否定になるかもしれなかった。

　ブルーストッキング派における女同士の友情は、取り交わされた手紙、残された手記をみるとき、「わたしの最高に愛しい人」とか「わたしの最高に優しい人」とか「愛する」とか「添い寝する」とか、彼女たちはレズビアンではないかと考えたくなる多数の字句に出会う。たしかに女性同士の友情に、時と場合によっては、なにがしかの性的関係が入り込むこともあっただろう。その意味では、彼女たちはレズビアン的であったかもしれないが、レズビアンそのものではなかった。彼女たちは性的存在を人間的存在に優先させることはけっしてなかった。異性との関係ではむろんのこと、同性間でも性愛の要素が侵入することにきわめて慎重だったし、場合によっては自覚的に拒んだのだった。男性との関係では対等であることを重視した。女性にとって、同化しようとする社会がきわめて対立的であること、その順応の努力が不毛であることをいくたびも思い知らされたとき、社会と男性の因習性に支配されて捕囚の生涯を送ることより、同じ性をもった女同士の堅い結び付き、共同生活を決意するとき、その女性はひとつの重大な自律的選択をした、ということができる。今日のフェミニズム思想が、この「選択」の深層の掘り起こしを課題にしながら、思想の基盤とし、成果を積み上げてきたことは、その展開を見ればだれの目にも明らかである。

❖ ミセス・カーターとミセス・トールボットの友情

ブルーストッキング派の中心メンバーであったエリザベス・カーターとキャサリン・トールボットの二人もまた、彼女たちなりにこの「選択」を決意したのだった。そして、閉じ込められた女の生きる世界が狭ければ狭いほど自分の不幸にも気が付かないでいる、という現実を身をもって証明して、女の生きる世界を少しではあったかもしれないけれど、広くしたのだった。生きることの一般の幸福がどんなものか知らされていなかったから、一般の不幸がどんなものかも分からないままでいる多くの同性に対してかけがえのないメッセージを発することにもなった。

エリザベス・カーターとキャサリン・トールボットが知り合ったのは、二四歳と二〇歳の時、つまり一七四一年二月である。それからおよそ三〇年間、キャサリンが死ぬ一七七〇年まで、その間キャサリンの結婚にもかかわらず、二人の友情は続き、膨大な量の書簡が取り交わされた。そして、二人の場合は、文学的天賦の才を活かしながら、それぞれが女性作家として今なお評価に耐えうる業績を残した。

二人の出会いのきっかけを作ったのはトマス・ライト（一七一一―八六）であった。[*11] ライトは独学で身を立てた努力家で、天文学と数学に関する数点の著作があり、多くの貴族をパトロンにもつ学者だった。一七三六年の夏頃から、ライトはパトロンの一人であったベッドフォードシャー州のレスト・パークを歴代の所領とするケント公爵家に出入りし、貴婦人たちに個人教授を行っていた。一七四〇年五月、レスト・パークはケント公の肝入りで新しい女主人公を迎えた。スコットランドの旧家グレノーキ家の血を受け継ぐデンマーク生まれのジェマイマ・キャンベルを女相続人にきめて、ハーディック卿を婿養子にとる縁組を成功させたのだった。花嫁一七歳、花婿二〇歳だった。ジェマイマはグレイ侯爵夫人として、レスト・パークの若奥様に収まった。

この新侯爵夫人の友人にキャサリン・トールボットがいた。キャサリンとジェマイマは一五、六歳のころと思われるが、ロンドンで知り合ってからの親友だった。ジェマイマが侯爵夫人になってからは、キャサリンは招かれるままにレスト・パークの客人となることが珍しくなかった。キャサリンはやがて個人教授にやってくるライト先生と知り合い、レディ・グレイとともに数学を学ぶようになった。

キャサリンは一七三三年頃からロンドンのセント・ジェイムズ・ピカデリー教会の教区司祭館に寄寓していた。司祭館の主はトマス・セッカーといい、当時ブリストル司教も兼ね、のちにカンタベリー大聖堂の大司教の地位につくことになる高位聖職者であった。同時に古典学者でもあった。しかし、セッカー師は、キャサリンにとって、いかめしい社会的肩書をもつ人物であるよりも、実の父親以上の存在であった。というのも、やはり聖職者であった父のエドワード・トールボットは彼女が生まれる半年前

C.リード画
〈エリザベス・カーター〉

C.ヒース画
〈キャサリン・トールボット〉

に天然痘で死亡、この父親の顔も知らない子と失意の未亡人に寛大と慈悲の手をさしのべたのがほかならぬセッカー師であった。事実キャサリンの生涯はこの慈父によって決定されたといえるだろう。セント・ジェイムズ教区は場所柄ここに集まる会衆に政財界、文壇の著名人が多く、キャサリンは早くからそうした人々の知遇をえる機会に恵まれ、そのことによってミス・ジェマイマ・キャンベルと知り合いになったのだった。

一方、エリザベス・カーターはこの頃生まれ故郷ケント州のディールの港町で暮らしていたが、時折上京して、かつて長い間ロンドンで彼女の文筆生活を支えてくれた恩人エドワード・ケイヴに会うことを楽しみにしていた。ケイヴは『ジェントルマンズ・マガジン』の版元であった著名な出版人で、彼女が物書きとして成功したのは、ひとえにこのケイヴの助言・引立てのお陰だった。ケイヴの知遇を得たのは、彼が父の友人であったからで、これは後のエリザベスを考えるとき、なにものにも代えがたい人生の幸運であった。上京の折り、エリザベスは、いつのころからか、どのようにしてかは不明だが、ライト邸を訪ね、数学について教えを受けたり、ディールから手紙を書いたりする「師弟の関係」がつづいていた、と考えられる。やがてライト先生はキャサリンとエリザベスの才知を認めたばかりか、その相性を見抜いて、二人を引き合わせたいと考えるようになった。

ライト先生の引き合わせによって、二人が会ったのは一七四一年二月だった。場所はエリザベスの友人のロンドンの邸宅であっただろう、と『ブルーストッキング派』（一九九〇）の著者S・H・マイヤーズは想像する。L・フェダーマンは二人の出会いを「一目惚れだった」という。

キャサリンはエリザベスの思慮深い性格、豊かな教養と才能、自律的な個性に、そしてそれまでの彼女の女性作家としての業績にほとんど感動に近い強い印象を受けた。エリザベスも噂に聞いていた文芸の才に恵まれた新しい友に夢中になった。ライト先生に「ミス・トールボットに完全に夢中になっています。毎日その人のことを考え、夜は一晩中その人の夢を見ています。どんなことを話題にしてもその人のことが入り込んできてしまいます。（中略）あしたお会いになるのですね。（なんという幸せ、あなたさまの財産を羨ましく思うよりはるかに妬ましく思います）」と書いた。S・H・マイヤーズ女史は、これをライトのとりとめもない空想癖に迎合した文面、感情のロマンティックな誇張だった、と断じてはいるが、その後も五〇・六〇年代を通じて、エリザベスはキャサリン宛の手紙で「わたしの人生で最愛、最高の天恵というにふさわしい方」と繰り返した。また、あるときは「当地の人はだれも正気を失う危険などこれっぽっちもありません。日常の瑣事を淡々と整然と片付けて、まるであなたという人なんか存在しないような調子です。道に迷ったり、ドアにぶつかったり、大勢の仲間のいる部屋の中であなたのことを考えて黙りこくったまま虚空を見つめている人の姿なんかどこにも見当たりません。そんなのは独りぼっちのわたしだけです」[*12]などと書いた。キャサリンもこの熱愛に応えて同様な心情を惜し気もなく書き綴った。

二人は、意気投合したまま、少なくとも六年間会うことはなく、ひたすら手紙による「付き合い」を続けた。エリザベスはディール村とカンタベリーの間を往復する生活で、ロンドンを訪れることはもはやほとんどなかった。一方キャサリンは相変わらずセッカー夫妻の好意と庇護を受け、ロンドンとオックスフォードの司祭館で病弱な母と暮らしていた。エリザベスはケント州での暮らし振りを友にせっせと書き送った。読書のこと、田園散策のこと、素朴な隣人との往来のこと、眼前に果てしなく広がる海と交わす会話のことなど。これに対してキャサリンはむしろ軽いユーモラスな筆つきでオックスフォードでの知己の紹介をしたり、周辺の風景やカントリーハウスの庭園のスケッチなどを送ったりした。社交の季節に上京すれば、オペラ、音楽会、演劇などを楽しんで、その報告を有頂天になってするのだった。

書簡は楽しい日常のおしゃべりばかりに満たされていたわけでは決してない。むしろ離れ離れでいることの得体のしれない不安や生活の息苦しさを互いに伝えて慰め合った。一人は世間の人目から逃れられない海辺の寒村での生活、もう一人は主教の家庭で家族同然の立場におかれたことによるさまざまな緊張を伴う都会生活、二人とも肉体的にも精神的にも疲れていた。エリザベスは持病ともいえる偏頭痛に悩まされ続けた。キャサリンは心理的不安定を抱え込んだままでいた。手紙のやり取りはこうした鬱屈から自分たちを解放するためのセラピーだった。互いに励まし合い、助け合い、忍耐強く生きることを確認し合う共鳴が二人を支えた。

❖ 先覚者を越えて

一七四八年の春、エリザベスが上京、ロンドンに数カ月滞在した。この時、二人はようやく再会を果たした。それは初対面同様の再会だった。同じ年の一一月から翌年の初夏まで同じように二人は機会が許すかぎりロンドンであるいはディール村で一緒に、時にはセッカー師（夫人は亡くなっていた）を交えて、時を過ごした。

五〇年代に入ると、その少し前から始めていた、エリザベス念願のそして以前からキャサリンその他の友人から薦められていたエピクテトスの全著作の翻訳に彼女は没頭して、時折ロンドンに出掛けることはあっても、ディール村に引きこもることが多かった。彼女はラテン語、ギリシャ語はいうまでもなく、フランス語、イタリア語、スペイン語、ドイツ語を学び、ポルトガル語とアラビア語を独学でマスターした。天文学のほか歴史と地理に関心をもち、スピネット（チェンバロの一種で、一六―一八世紀ヨーロッパの家庭で愛用された）を弾き、フルートを奏することができた。針仕事も得意だった。「殿方は一般に女房がギリシャ語をしゃべるより、食卓においしい料理が並ぶほうが喜ぶものだ」と公言してはばからぬジョンソン博士でさえ、「親友のカーター女史はギリシャ語からエピクテトスの翻訳ができながらプディングを上手に作り、詩を詠むことができながらハンカチーフの刺繍をみごとにこなすたいした女性だ」と褒めた。[*13]

彼女ほどの素養と学識は超人的といえる刻苦精励の賜物だった。一日八時間から一二時間、深夜までそして早朝から読書と執筆に没頭、眠気を払うために濡れタオルで鉢巻きをし、嗅ぎたばこを吸い、緑茶の葉を噛む生活を続けた。枕元にはベルを置き、紐を結んで窓下の庭に垂らして、毎朝四時に寺男に紐を引っ張ってもらって起床したという。[*14]生涯つきまとった偏頭痛はこのような無理がたたったためとも考えられている。

『エピクテトス全集』の翻訳は一七五二年の暮れに完成した。しかし出版は五八年だった。一〇一八部が売れ、二五〇部を追加する成功を収めた。[*15]この成功はカーター女史の文業の頂点を画し、文名を確立した快挙であった。文筆活動はすでに一七三四年、エリザベス一七歳のときに始まっている。「エライザ」の匿名で同年の一一月に『ジェントルマンズ・マガジン』に寄稿した詩が最初に活字になった作品である。父が、一七三一年に同誌を創刊したエドワード・ケイヴと友人だったことから、ケイヴと知り合うことになって、「マガジン」という語を最初に使った、そして二〇世紀初頭まで継続した総合月刊誌に最初の作品を発表できたことは幸せだった。そして以後この雑誌がカーター女史の文筆活動の主な舞台となった。

キャサリン・トールボットは、すでに触れたように、高潔なセッカー師を事実上の父として養育され、当時の女性一般には望みえない高度な教育を享受することができた。キャサリンはカーター女史のように聖職者の娘であったが、カーター女史とちがって、父無し子だった。父エドワード・トールボットはキャサリンが生まれる半年前に天然痘にかかり、この世を去っていた。いわゆる母子家庭となった母娘が身を寄せたのがセッカー夫妻のもとだった。夫人は蒲柳の質で子供がなく、早くから才能をみせたキャサリンをわが娘のように迎え入れた。ことにセッカー師は養育に熱心で、一七三三年、ロンドンのセント・ジェイムズ・ピカデリー教会の司祭に任じられることになったとき、この就任がもたらす新しい環境を一二歳だったキャサリンのためにいいことだと言って喜ぶほどだった。健全な宗教心の涵養はいうまでもなく、古典文学、英文学、フランス文学、歴史を重視してキャサリンの教育に愛情を注いだ。キャサリンは水彩画を得意とした。「わたしたち夫婦はますますあなたに希望を見いだしています。あなたの心と気性と品行がわたしたちが望む方向に近づいて行くのを見ることが、ただただわたしたちの生きる喜びの増大につながるのです」、こんな文面の手紙が残っている。*16 病弱なセッカー夫人が療養のため温泉保養地バースに滞在すれば、同行して、社交界で、詩を書く利発な少女として幼い評判を獲得するのだった。

一七四一年、つまりエリザベスとキャサリンが知り合った年に、キャサリンは『ジェントルマンズ・マガジン』誌上に「一法律家とミス・トールボットのバースでの座談に寄せて」と題する一編の詩を発表した。生来の虚弱体質が根を詰めた執筆をキャサリンに許さなかったが、それでも詩や断想を書き続けた。しかし、友人の度重なる勧めにもかかわらず、出版することを拒んだ。したがってキャサリンの著作は人の目に触れることがエリザベスに比べて格段に少なかった。そんな中で右の『ジェントルマンズ・マガジン』誌に発表した詩やサミュエル・ジョンソンが編集する『ランブラー』紙（一七五〇年六月三〇日）に寄稿した一文はきわめて例外的な出来事であった。セッカー師が一七六八年にこの世を去ると、キャサリンは大主教のロンドンの居宅、ランベス宮を離れて、ロアー・グロヴナー・ストリートへ引っ越した。一七七〇年一月九日、キャサリンはそこで癌のため亡くなった。『ジェントルマンズ・マガジン』は死亡の日付と場所を伝える一行にも満たない記事を載せただけだった。

親友を喪ってからなお三〇年あまり、エリザベス・カーターは多くの友人・知人に支えられて、文筆活動を継続、一八〇六年二月一九日にロンドンのピカデリー街、クラージス・ストリートで八八年の生涯を閉じた。その三年後、『ミセス・エリザベス・カーターとミス・キャサリン・トールボット書簡集、一七四一—七〇年』が公刊された。

当時としては例外と言える豊かな教養と文才にめぐまれた、ブルーストッキング派の二人だったが、その女同士の友情は、先に述べたことだが、基本的には「ロマンティックな友情」の一事例だとしても、たんに書簡が取り持った友情と言い切ってしまっていいのか、それともなんらかの性的関係が介在する友情であったのか、振幅の多い受け止め方がなされている。L・フェダーマンのように、この二人は本質的に恋人同士の関係にあった、レズビアンの先駆とみなすことができる、なぜ同棲生活に入らなかったのだろう、と問いかけ、その理由を、キャサリンは自らが病弱であったうえに、若くして未亡人となり、やはり病気がちであった母親をひとりにしてしまうことに耐えられなかったのだろう（しかし娘のほうが母よりも早くこの世を去る）、エリザベスはエリザベスで、彼女を必要とする男やもめの父がいた。その父をひとり残して親友との共同生活に入ることはできなかった。結局二人は親に対する娘の義務を優先させたのだ、レズだという非難はともかく、親不孝だという非難を予想して、それを回避する道を選んだのだろう、と推測する。

このL・フェダーマンの推測には一理あるといえよう。しかし、ここで、すでに述べたことだが、一般にブルーストッキング派の女性たちは、同性間でも性愛の要素が侵入することにきわめて慎重であったことを想起すれば、二人が意図的にあえて同棲生活を避けたのではないか、とも考えられる。S・

H・マイヤーズは、それこそが二人の本意であったのではないか、恋人同士とか性的要素とか、それを裏付ける熱い情念などは二人の関係に希薄だった、そのことが重要ではなかったか、と示唆する。

したがって、二人が知り合ってから一〇年後の一七五一年夏に、エリザベスがキャサリンに「少しでいいから髪の毛」を欲しいと頼んだ一件についても、L・フェダーマンとS・H・マイヤーズではその解釈に隔たりがある。前者が恋人同士の独占的な情念の現れと受け取れば、後者は少女趣味の感傷的な心情の現れにすぎないと考える。二人の友情は激情的でも排他的でもなく、静かに時間をかけて熟成していく類いのものと捉らえた。S・H・マイヤーズは、この二人の友情やもっと広くブルーストッキング派の生き方に「ロマンティックな友情」をからませることにはひどく慎重であるように思われる。しかし、「ロマンティックな友情」でなかったとは一言も言っていない。

おそらく一つだけ確かなことは、エリザベスとキャサリンの関係は、やがて世間の注目を集めることになるミス・バトラーとミス・パンスンビーの「選択」に大きな影響を与えたということであろう。二人が『新エロイーズ』を「ロマンティックな友情」の手引書と解し、ジュリとクレールの熱い友情に自らを一体化させたとちょうど同じ意味で、いや、エリザベスとキャサリンが身近に存在する先達であっただけに、その友情は二人にとってはるかに現実味のある「ロマンティックな友情」の指針となったはずである。カーター女史とトールボット女史はエレナー・バトラーとセアラ・パンスンビーにとって先駆的役割を果したと言えよう。もっと直接的に、E・メイヴァーの言うように[*17]、カーター女史とトールボット女史を「ロマンティックな友情」の第一世代とみなすことも可能だろう。とすればエレナー・バトラーとセアラ・パンスンビーは第二世代として位置付けられる。この二人が先行者の実践できなかった共同生活を五〇年という長期にわたって維持しえた事実は、「ロマンティックな友情」の理想的かつ模範的事例とするに十分だったと思われる。エレナー・バトラーとセアラ・パンスンビーのプラース・ネウィズでの隠棲は、それがどのような意味で理想的であり、模範的であったのかについての、現場からのみごとな解答である。

第四章　晴耕雨読の日々

❖残された日誌

一七八〇年秋、エレナー・バトラーとセアラ・パンスンビーのスランゴスレン村での「隠棲生活」が始まった。一八三〇年まで続いたその生活はいったいどのような日々であったのだろうか。さいわい当事者の一人エレナーによってかなり詳細に記録されて、『ハムウッド手稿、スランゴスレンの貴婦人およびキャロライン・ハミルトンによる記録』としてアイルランドのミース州のハミルトン家に保存され、今に伝わる。

アイルランドの薄陽と歴史にみたされたウッドストック・ハウスとキルケニー城から遠く離れた、北ウェールズのディー川の渓谷の小村、それまでの生活環境と生活感覚とは全く隔たった世界での避けようもない不慣れな人間関係、ただそれだけが観察、記録されるすべてであるような閉ざされた世界を長い年月この二人の女性はどのように生きたのであろうか。

エレナー・バトラーの記録は一七八五年九月一五日（木曜日）に始まる。そして一八二一年一二月二六日（水曜日）に終わる。[*1] その間、記録にはかなりのむらがある。中断もある。もっとも精力的な筆の運びは一七八八年から九〇年までの三年間である。そのことは日記帳そのものにも現れた。八八年になると、それまでの小型のノートが大型の装丁も立派な日記帳に代わって、それは九〇年一二月のクリスマスまで続いた。この三年間の記録はエレナー・バトラーが残した全日記のじつに三分の二弱を占める。三六年間に及ぶ長大な記録の大半が、わずか三年間に集中した。一七九〇年一二月二五日、「穏やかな心落ち着く夜。愛しい人とわたしは手提げランプをもって、馬小屋に大好きなマーガレット（雌牛で、二人の最初のペット。知人からの贈り物で、家族同様に可愛がった――引用者注）を見舞う」とたったこれだけの短い日記をつけ終わると、翌年からはふたたび小型のノートに逆戻り、日記をつける間隔もあいて、メモ程度の記録にとどまることが多くなった。書き手はこの時点でひとつの大きな達成感を覚えていたのかも知れない。いや、健康状態が阻んだのかもしれない。

その頃までに書き溜められた日記は、癖のある読みにくい筆跡の一千ページの記録に膨れ上がっていた。たしかに日記への情熱はいささか薄らいだとはいえ、「隠棲生活」に注ぐ情熱そのものは一貫して変わらない。陽光の恵み、風の音、雲の動き、雨と雪など移り変わる四季の表情を、読書の時間を、友人との文通を、来客のいきいきした肖像を、農作業にいそしむ村人を、身辺に生起する出来事を、素朴な率直な筆致に綴ることを最後まで放棄しなかった。エレナーはセアラを「愛しい人」と呼び続けながら、魅力ある日誌を書きつづけた。

日誌の第一日目、一七八五年九月一五日（木曜日）の冒頭には、一種マニフェストの趣きで次の詩句が記された。トマス・グレイ（一七一六―七一）の「田舎の墓地で詠んだ挽歌」（一七五一）の第八聯である。

「野心」よ、こうした人達のつつましやかな労働を、
　田園の喜びや名もない人の運命をあなどるな。

「栄華」よ、貧しい人達の短くて単調な年代記を、
嘲笑をもって読むな。

MDCCLXXXV, 一二月

そして日誌が本格化する一七八八年の大型日記帳の題扉にはじめて標題が次のように記される。

E・B/によって誌るされた/北ウェールズ、スランゴスレンの川谷の/田舎家の住人/E・Bと
S・Pの生活日誌/この甘美な静寂の地には/あらゆる草花と樹木が寄り合いながら/安息の花輪
を編み上げている/そんな土地を社会はまるで侮っている/MDCCLXXXVIII

日誌を通読しながら、われわれは、そこに書き留められた充足した静謐な精神の息遣いに心地よく浸される。かつてキルケニーの苦境にあった二人があれほど語り合い、希求した「隠棲」への憧れが今こそ具現された、そのいとおしい悦びとひそやかな自信が行間から伝わる。精神は童女のように無垢で清純である。一切を受け入れながら、ありのままに記録する。まれにみる心の寛容であり、まなざしの率直さである。

❖ 四季の移ろいとともに

一七八八年の新年は土砂降りで始まった。

一月一日（火曜日）――土砂降り。重苦しい陰気な日。三時、正餐。ローストビーフとプラムプディング。三時半から九時まで。静かな鬱陶しい夜。読書――家計簿をつける。その後、愛しい人にスターンを読んで聞かせる。彼女は財布に刺繡をしていた。九時―一二時、化粧室で読書とバースのゴダード夫人に手紙を書く。しみじみとした思いにみたされた、甘美な安息の一日。

続く三日（木曜日）には

起床七時半。土砂降り。風が暖かい。八時半から九時まで書斎。朝食。書斎。絵を描く。バースのレディ・ブリッジマンから一二月三〇日付けの手紙、バースのミス・デイヴィーズから一月一日付の手紙届く。（中略）バースのサーカスに住むレディ・ブリッジマン宛て返信をしたためる。ミス・バウドラーには短信。（中略）レディ・ダンガノンとそれに時計の件でソルターに手紙。新聞を読む。マダム・ドゥ・フランスが旧年一二月三日午前四時に亡くなったことを知り、断腸の思い。（中略）本の埃を払い、雨戸の掃除をしてもらう。家の前の野原に行こうとすると、門の近くに男が倒れていた。不審に思う。使用人たちはよそ者でしょう、死んでいるらしいと言う。確かめにやるとまだ息がある。牧師館から下男がやってきて、救貧院に連れて行きますと言う。こちらはワインを差し入れする。意識を取り戻す。さるお屋敷の元料理人とのことだが、ロンドンからリヴァプールへ旅の途中で、一晩中歩きづめだったと言う。おそらく空腹で倒れたのだろう。ほんのわずかながら、なにがしかのものを届ける。

と記され、天候、手紙のやり取り、身辺雑記、それに交際範囲の広さと優しい心根を示唆する字句など、元旦の日記とあわせて、変化にとんだ「隠棲生活」を彷彿させる。じつは期待された隠棲とは程遠く、千客万来の社交の日々が続いたのである。隠棲を否定しかねない社交。じつはそれがスランゴスレンの二人の生活の大きなそして重要な部分を占めることになるのだった。二人はそれを煩わしいとして回避するのではなく、甘受する姿勢を崩さなかった。いやむしろ積極的にそれに係わったと言うべきだろう。

　それにもかかわらず、プラース・ネウィズの生活は、平穏と安息への二人の憧憬をけっして裏切らなかった。来客と訪問の頻繁な記録に交じって、二人だけのかけがえのない時間の記録が日誌の随所に見つかる。「書斎の暖炉の火がすばらしい、蠟燭に火を灯す、この庵ならではの満ち足りた明るい空気が部屋に立ち現れる」（一七八五年一〇月一二日）、「神々しい晴天の日。読書、絵を描く。……愛しい人と一緒にわが家の散歩道《ホーム・サーキット》に出て、人気ない庭を幾度も歩き回った。あの酔っ払いの怠け者のリチャード（庭師のひとり）なんかに占領されていない、がらんとした庭がどれだけすばらしいか分からない。最高に甘美な晴天の日。風もなく、いや汗ばむくらい。仔羊が鳴き、鳥が歌う。ここには独居と隠棲の美を形成しないものは一つとしてなし」（一七八八年三月二九日）。すでに引用、紹介した「しみじみとした思いにみたされた、甘美な安息の一日」の字句、あるいはそれに類似の「静寂にみたされた甘美な隠棲の一日」などは、エレナーの日記に繰り返し読むことができる、一日を締めくくるための至福のリフレインである。"A day of sweet and silent retirement" の字句がまるで聖歌の一節でもあるかのように響いて一日が完結する。この叙情の響きは余韻をともなってきわめて印象的である。プラース・ネウィズのロマンティシズムである。

　詩的空気は四季折々の情景を記述する字句にも横溢する。右の「神々しい晴天の日」もその一例だが、待ち侘びた春の訪れに、「岩壁と山々を金箔に染める陽光」（一七八九年四月五日）、「光あふれるすばらしい晴天の日。野良の一隅ですてきな口笛を吹きながら、農夫が畑に鋤をいれる、また別な所では土を砕いている。羊の親子があちらこちらで草を食んだり、遊んだり、寝そべったりしている。村人の家々から立ちのぼる煙が山腹のここかしこに漂う」(同年四月一四日)、「愛しい人とわたしはいつものようにわが家の散歩道を歩く。月の光を頼りに家に戻る——なんという夜景！　豊饒の雲間にかかる月は山々に銀光を注ぐ」(一七八八年五月一七日)と、春の情景を描写した。

夏が訪れれば、「最高に甘美な最高に優しい静かな夜。赤い薄光に染まる西空に雲片が浮かぶ。門に寄り掛かったまま、この厳かな風景と甘美な川谷に住むのはふたりだけと錯覚を起こしそうなほどにあたりを領する深い沈黙を愛でることしきり」(一七八九年六月一六日)、「濃い緑の陰が森と牧場の上に戯れ、岩山には目映い光が踊る。小川は岸にまで水があふれている。愛しい人と一緒に散歩に出た。『セイヨウカジカエデの径』をくだって、司祭の牧場へ入り、そこから麦畑を抜ける。小川のほとりに出て、ペングワーン水車経由で帰宅。川岸の巨大な岩で一休み。子供たち六人が遊んでいた。一番の年上の子供でもまだ六歳にはなっていまい。女の子が川に落ちた。みんなが飛び込んで助け上げ、濡れた服を絞ってやっていた」(同年六月二日)、「玄関近くの菩提樹の木陰で食事。そのあとペングワーンへ散歩。大家さんが一家総出で羊の毛を納屋で刈っていた。(中略)橋を見に行って、川沿いの緑地を散歩する。川は明日の剪毛の準備で体を洗われている羊で一杯だった」(一七九〇年六月一六日)と、北国の短い夏の季節を綴った。

秋。「陶然たる思いに誘われる日。蜜蜂と昆虫の囁き、甘美な猛々しい鳥たちの鳴き声、メーメーと鳴く羊、クワックワッと叫ぶ鶩鳥、野良で働く農夫たちの歌と口笛、この妙なる土地だけに許されて響きわたる音のかずかず」(一七八八年一〇月二二日)、「庵の前の畑ににぎやかな心和む情景が現出。麦を束ねる人、落ち穂拾いの人、刈り取る人など、収穫たけなわ」(一七八九年九月一日)、「株だけが残った、水車小屋近くの畑を散歩。大忙しの勤勉な人達のいる天国のような情景、だれもが収穫に懸命。このすてきな一日は千金に値する」（同年九月二四日）、「書斎の暖炉の火のなんと魅力的で心地よいことか。火に向かい合う心は満たされて、『低俗な心には知りえない』喜びが訪れる――一〇時まで読書と手紙書き――幸せな一日」（一七八五年一〇月一日）と記録した。

冬。一〇月末にははやくも冬将軍の到来である。「七時に起床――完全に冬本番の気配――冷たい風、暗い空、激しい霰、霙に雪。書斎の暖炉の火のなんとすばらしいことか」（同年一〇月二九日）、前日が霜と雪と霰と風の一日だったせいか、「起床が九時過ぎ――なんという恥さらし！」それでも「白い霜がきらきら輝く朝。すばらしく美しい自然の風景」（同年一一月二二日）を発見する。その発見は次のような清冽な冬景色につながっていく。「わが家の庭の真上に月がどっかりと、いくつかの星を従えて輝いている。なんという大気の静寂！　深い蒼穹に月の天体が微光を放っている。化粧室の暖炉から煙が一条の太い柱となって立ちのぼる。純粋な光り輝く最高の銀世界。夜半の静寂を打ち破るのはわずかに九時を告げる村の時鐘、犬の遠吠え、梟の鳴き声のみ。陶然たる思いで朝まで庭にいることだってできただろう」（一七八九年一月一〇日）。

日誌に「読書、絵を描く」、「読書、手紙書き」などの表現が散見される。同時にルソー、サミュエル・リチャードソン、ローレンス・スターン（一七一三―六八）、セヴィニェ夫人（一六二六―九六）などの人名も散見される。読書欲は一貫してきわめて旺盛、天候が許せば、屋外の緑陰で、厳冬期には暖炉の傍らで読書を楽しんだ。「読書に絵描き。それから雑木林へ本をもって出る。（中略）愛しい人と一緒に雑木林へ本をもって行く。夕方をそこで過ごす。カーネーションを一〇〇本あちこちの花壇に植えた。聖なる宵。読書と手紙書き」（一七八八年四月三〇日）。

一七八九年四月から六月の読書記録をお目にかけよう。[*2] 全部で二四点、英語、フランス語、イタリア語に及び、内容も多岐にわたる。主な作品は『メッテルニッヒ夫人の回想録』(五巻)、『モリエール著作集』(四巻)、『コルネイユ戯曲集』(一二巻)、『ラシーヌ演劇・著作集』(九巻)、ダンテ『神曲』(二巻)、『ピエトロ・メタスタシーオ作品集』(一六巻)、ギルピン『北英周遊記』(二巻)、『グレイ作品集』(四巻)などである。驚くべき読書量である。

❖ 庭園への愛着

自然を畏敬するエレナーは庭造りに深い愛着と格別の執着をもった。

プラース・ネウィズは四ヘクタールほどの広さで、敷地には、みごとなバラ園をふくむ庭園のほかに、鶏舎、牛舎、バター・チーズの製造小屋、菜園、メロン園、マッシュルーム床、葡萄園などがあった。自らの美意識を視覚化した花壇と自給自足の修道院的設備が用意されていた。

エレナーの自慢は、屋敷内を一巡する、彼女が「わが家の散歩道」と呼びならわしていた小径であった。庭園と菜園と家禽小屋とメロン園を巡る散策の小径である。ここを二人は日課のように散歩した。右に引いた一七八八年三月二九日の日誌にみられたように、「愛しい人と一緒にわが家の散歩道に出て」という風に繰り返される。おそらく友との語らいであると同時に自然との語らいの至福の時であっただろう。完璧な独居と隔絶の時であったろう。庭園は、当時流行の英国式自然庭園に倣って、古典様式の甕や四阿やゴシック風アーチや人工滝や洗礼盤や野鳥の餌台などがそこかしこに配されて、変化ある眺めを楽しめた。

もう一つの自慢は「低木の植え込み《シュラバリ》」で、訪問者が絶えなかった。「○○氏からシュラバリを拝見したいという丁重な申し出あり」という言い方でこれも日誌に頻出する。低木の植え込みといっても、花樹が主役のものから、雑木林に近いものまで実態にはかなりの幅があった。ラバーナム、ライラック、ハシドイ、シロエニシダを植えて、俗塵を離れた別天地とした。ほかにもイチイやフィルバートやシロサクラなどが植えられたかもしれない。下草にはクロッカス、アネモネ、桜草などが選ばれただろう。二人はキルケニー城やウッドストック・ハウスの花壇の再現を試みようとしたのかも知れない。

「小屋の傍らにライラック、ラバーナム、パラゴムノキ、シロエニシダ、シダレヤナギ、林檎、ポプラなどを植え込んだ」(一七八八年一〇月二七日)。「ずいぶん庭木がよくなりましたね、とほめられた。わが国の植物に関する第一人者に庭を相談できる機会に恵まれて嬉しかった。アンズの枯れそうな枝はすぐ切り落とすこと、……桃の木の根元を掘って土を軟らかくすること、……ズバイモモの病菌のついた葉は即刻摘み取ること、……スグリには煤に浸した毛糸を幹に巻き付けて駆除すること、……ラバーナムは剪定をおこなって、幹をすっきりさせ、てっぺんで枝分けすることなど」(一七八九年六月一三日)。エレナーとセアラの庭いじりへの関心は生半可なものではなかったことがわかる。

時代は英国の庭園が理論と実践の両面において英国らしさを存分に発揮した「風景庭園の時代」であった。プラース・ネウィズの書斎には、ウィリアム・ギルピンによるピクチャレスク探訪の旅の所産である一連の著作、シュラバリ研究に顕著な功績のあった植物学者ヘンリー・フィリップスの著作、クリストファー・ヒルシェフェルト著『造園論』、ユーヴデイル・プライス著『ピクチャレスク論』、ウィリアム・シェーンストーン著『造園断想』などが書棚に並んでいた。いずれも、理論書でありながら、具体的な記述と多数の図版を収めた造園・庭いじりに関する、当時広く読まれた指南書である。庭園の構成要素とされた「多様性」(Variety)と「意外性」(Novelty)について、それを如何にして具体化するかが詳述されていた。雄大、審美、憂愁、荒涼、不規則などの諸要素が混然一体化したとき、庭園の風景が想像力を喚起して、人を愉悦の境に誘うとされた。

二人は、もしかしたら、庭園論としては草創期にあたるフランシィス・ベイコン（一五六一―一六二六）の随想「庭園について」にも目を通していたのではなかろうか。同書の冒頭には二人にとって決定的な神聖な字句が読める。「万能の神ははじめに庭園に木を植えられた。それこそ、まさに人類の歓びのうちで最高に純粋な歓びである。人間精神にとって最大の癒しであり、それなくしてはどんな建築物も、宮殿もただの粗悪な手仕事にすぎない」。

一七八九年六月（日付なし）には、バラ園についてこんな入念な記録が見つかる。煩瑣であることは免れないが、彼女の園芸への情熱を示すものとして、全体を紹介するに値しよう。[*3]

バラの種類――（柵のペンキを塗り替えた時のメモ）プロヴァンス、メイドン・ブラッシュ、フランクフォルト、チャイルディング、ブラッシュ・ベルギー、ローズ・ユニーク、モス・プロヴァンス、ダブル・マーブル、ホワイト・ダマスク、ソーンレス、ヴァージン・ダマスク、ダブル・レッド、レッド・オーストリアン、ダブル・ヴェルヴェット、レッド・ベルギー、グレート・ロイヤル、マンスリ、ダブル・マスク、ローザ・ムンディ、ダブル・イエロー、ミス・ホーツ、イエロー・オーストリアン、百枚葉のシングルトン、ダブル・アプル、百枚葉のブラッシュ、ローズ・ダムール、ブルッシュ・プロヴァンス、ドウォーフ・バーガンディ、ステプニー、ポンポン、ダブル・バーネット、スカーレット・スウィート・ブライア、ダブル・スウィート・ブライア、レッド・スコッチ、エヴァグリーン・マスク、ペインテッド・レディ、トール・バーガンディ、ライツ、ブラッシュ・クラスター、アメリカン・ダブル・ブラッシュ、ダブル・スカーレット・スウィート・ブライア、スモール・ポンパドール、ラージ・スウィート・クリムズン。

こうした品種の羅列は、ベイコンの「庭園について」にそっくりである。ベイコンは月別にふさわしい草花名をあきもせず、延々と書き連ねたのである。

❖ 千客万来の日々

プラース・ネウィズの社交は、こうした四季折々の自然との微妙な呼応のうちに、展開する。身近な村人との付き合いはもちろんだが、馬車を走らせての遠出の交際も厭わない。驚くほど活動的である。社交につきものの手紙のやり取りも盛んである。隠居生活の消極性など微塵もない。精神の自由を遺憾なく発揮した、闊達な日々が続く。社交の記録を省くと、日誌はおそらく半分の量に激減するだろう。どのくらいの人数が日誌に登場するか、『ハムウッド手稿』の索引から推量してみると、驚いたことに優に二千人を越える。もちろんこの全員が交際相手だったとは考えないが、ちょっと信じられない数字である。交通手段や郵便制度が未熟な段階でしかなかった一八世紀後半の社会を思えば、やはり気になる数字である。

社交は具体的にどのようなものであったのだろう。それほど頻繁にだれをどこにどのようにして訪ねたのだろう。

プラース・ネウィズの社交は、スランゴスレン村とその近在という比較的狭い範囲と馬車で遠出する遠距離の交際から成り立っていた。社交を人間関係全般と拡大解釈すれば、使用人やペット（家族同様に可愛がっていた）にまで言及しなければならないだろう。遠出の場合、二人はほとんど決まって村の宿駅になっている「ハンド亭」の軽装馬車を利用した。ときたま「ライアン亭」の馬車を使うこともあったが。

二人はスランゴスレン村を通り抜ける往還を東へ辿って、辺境の地チャーク村に君臨するチャーク城（ミドルトン家）や、さらに国境を越えたイングランドのシュロップシャー州にまで足をのばした。そこにはこの地方の中心的なふたつの町が、南にオズウェストリが北にレクサムがあった。また地元を遠く離れた、ロンドンやバースの社交界の動静、故国アイルランドの情勢などはもっぱら友人からの手紙に頼るしか方法がなかった。それればかりかフランスで感情教育を受けたエレナーにとっては、いつまでもフランスへの関心が薄らぐことはなかった。そうでなくとも、時あたかもフランス革命前夜、フランスへの関心はいつになく高まった（このことは第六章に譲ろう）。

村には二軒の旅籠があった。「ライアン亭」と「ハンド亭」[*4]である。前者はパークス夫妻が、後者はエドワーズ夫妻が経営していた。これは現在「ハンド・ホテル」としてディー川の川岸に健在である。街道A5沿いに「ハンド・ホテル」と大書した駐車場があって、その奥にホテルが教会に接して立っているのが見える。このかつての駅馬車の宿駅だった「ハンド亭」は二人の貴婦人の社交のいわば窓口の役割を果たすことになった。長旅の途中ここに一泊する旅人（名士が多かった）や二人の噂を聞きつけた客人が、当時の（今でもそうだろうが）社交のしきたりにしたがって、予約や紹介状をもってわざわざ訪ねてくるのだった。『ハンド亭』のエドワーズ氏から、ミセス・ケリーがご到着、お二人のご都合を尋ねておいでです、と連絡あり。ぜひわが家での正餐にお付き合いくださいと返事を返す」（一七八八年五月二四日）。日誌には、訪問の承諾を求めるだけでなく、庵や庭を拝見したいという希望がしばしば寄せられたことが記録されている。

こんなとき二人は、たいてい旅籠で待ち受けている相手に、その都度「お待ちします」とか「都合がつきかねます」などと、答礼を怠らなかった。二人は結構好き嫌いの激しいところがあった。訪問客が気に入ると、ということは礼節をわきまえた教養人であれば、上機嫌で自慢の庭を案内するのだった。二人はミセス・ケリーを招いた。そしてエレナーは、よくそうしたように、このときも来客の印象を直感的に寸評として書き残した。「とても感じのいい、ひじょうに思慮深い年配の婦人」と記した。彼女はアイルランドへ帰国する旅の途中で立ち寄ったのだが、日誌には一度しか登場しないから、さして親交があったとは思われない。しかし、散策の途中、交わされた会話から察するに、この訪問者はデラニ家の使用人であったことが分かる。そしてデラニ夫人とは、一八世紀上流階級の生活様式を伝える貴重な資料とされる書簡を多数残したことで知られるばかりか、小説家ファニー・バーニーの友人でもあり、彼女をジョージ三世国王夫妻に紹介した（このことあってバーニーは王妃の衣裳掛りを務めた）ことでも知られる、メアリ・デラニ（一七〇〇―八八）その人である。前章との関連で言えば、ミセス・モンタギュー、ミセス・カーターなどと並び称された、ブルーストッキング派の女性とも親交のあった文才豊かな女性である。そのデラニ夫人はじつは一カ月余り前の四月一五日にこの世を去っていた。葬儀はもう終わっていただろうから、葬儀に参列するためではないにしても、ミセス・ケリーのこの時の帰国はデラニ夫人の死去と関係があったと思われる。同日の日記に「ライアン亭」にやはりアイルランドに赴く途中の上流婦人の名が数人列挙されている。

同じ年の七月八日。『「ハンド亭」の主人エドワーズ氏が、到着したばかりのリュック夫妻から手紙をわざわざ届けてくれた。ただちにわが家にご招待申し上げる。ご夫妻は一一時までおいでになった。たいへん感じのよい魅力的なお二人である。わが家の散歩道を案内してさしあげる。ひじょうに寒く、天候は荒れ模様。そのときの話題――ルイ一六世。フランスの政情不安。フランス王妃マリー・アントワネットの人柄（略）』。

ここに登場するジャン・アンドレ・デ・リュック（一七二七―一八一七）はスイスの地質学者・気象学者で、英国に来たのは一七七三年、王立協会の会員となり、シャーロット王妃の学問進講掛りまで務めた人物である。ルイ一六世夫妻やフランスの国情が話題になったことにわれわれは関心を持たざるをえないが、それはまた別な話として第六章に譲ろう。

上流人士の来訪は珍しくなかった。日誌に残る来客名は、このリュック夫妻のように、そのほとんどが生没年、出自など生涯を確定できる著名人である。エレナーとセアラの二人が上流階級の出であるから、プラース・ネウィズでの社交がその延長であっても別段不思議はないのだが、それにしても、ただ延長というだけでは理解できない貴顕の訪問や前述したように二千人近い人名の記録は、といっても、そのすべてが訪問者ではないが、ひじょうに興味をそそられる事実である。千客万来といった趣きの社交の広さは痛快ですらある。ロンドンやバースの社交界に出入りしているのと大差ないのではあるまいか。プラース・ネウィズに無名の市井の人となって隠棲したはずが、むしろ逆にその個性が生気ある光彩を放った結果というべきか、なお避けることができなかったこの人間関係は、根っからの人間嫌いではなかった二人にとって、隠棲の初期はともかく、自己矛盾と知りながらも、比較的抵抗なく受け入れることができた望外の幸せであったのではないか。例えば、一七八八年八月二五日のように。

八月二五日――ホワイト氏から息子、娘ともども三人で庵を拝見したい旨の丁重な挨拶あり。承諾する。親子がやってくる。眼鏡をかけた老人、娘は茶と金色のフードつきコートを着た派手派手しい感じ、息子は小学生。サミュエル・ホワイトと署名した詩（とうてい読む気にならない）を置いていってくれる。帰った後、書斎に入る。ミセス・ミットン、ブロートン氏（サー・トマス・ブロートンの息子）、シェイカリー氏が三〇分間ということで来訪。その後ミス・ヴォーンとミス・

イストッド。二人が帰ると、今度は聖アサッフ教会の主教夫妻と二人の可愛らしいお嬢さんが到着。三時の正餐を取り、夕方には軽食を楽しんだりして、一一時まで滞在。ミス・ルイーザと「ライアン亭」まで歩く。すばらしい夜。教会の鐘の音、川の囁き、「ハンド亭」のホールで奏でられるハープ。

なにか席の暖まる暇もない、そんな印象の一日である。少々、注釈をくわえれば、ミットン家はプラース・ネウィズから南東へ三五キロほど離れたハルストン・ホールに住む一族で、エレナーとセアラが親交を続けた一家である。サー・トマス・ブロートンは第六代準男爵で聖職者。ミス・ヴォーンとミス・イストッドはともにオッテリー・パークに住む親友で、このころ特に往来が盛んであった。セント・アサッフはスランゴスレンから北西に二〇キロほどの山間にある村で、ドクター・ジョナサン・シップレーがそこの教会の主教を務めていた。エレナーの主教夫妻の寸評によれば、「お別れするのがほんとうに残念な」人達で、「最高に感じがよく、立派な嗜みの一家で、ご婦人方はラテン語、イタリア語、フランス語に通じて、絵も上手な完璧な方々」(一七八八年七月五日)ということになる。ミス・ルイーザはそのシップレー家の長女。

また例えば、日誌をつけた最後の年にあたる一八二一年の八月五日(日曜日)のように、すでに八〇歳を越えた高齢を欺くような社交の、来客名の羅列に等しい記録が残っている。

午前中にラガットのロイド卿、オーガスタス・モーガン夫妻、令息と令嬢。そのあとオーモンド卿とサールズ卿、そのあと昼食にメアリバラ卿とバーグィッシュ卿〔ともにウェリントン卿の兄弟――引用者注〕。そのあと正餐にオーモンド卿夫妻とサールズ卿。そのあと夕食にレディ・ハリエット、レディ・アン、レディ・ルイーザ、ウォルター氏、ジェイムズ氏、リチャード氏、チャールズ・バトラー氏。夜、暫くの間プリンス・ポール・エスターヘイジィ。オーモンド卿夫妻の寝所は貴賓室。

エレナーは一七八九年四月一日から六月二七日間の来客数を三六人と記録した。*5

❖ 遠出する社交の日々

そしてまた別の日、それは来客の応対ではなく、遠出の社交の一日。例えば一七八八年九月一日のように。この日は「わたしたちのバレット家の人々」（こう呼びならわしていた）をオズウェストリに、ミス・ヴォーンをオッテリー・パークに訪問した。午前八時半に「ハンド亭」の遊覧用軽馬車で庵を出て、まずオズウェストリへ向かう。一〇時に先方に着く。クラウ氏、ドクター・クロース夫妻なども加わった楽しい時間を過ごす。ことにクロース夫妻はかねてよりその名を聞き知っていて、ぜひ知遇を得たいと思っていた人達だった。「ぜひプラース・ネウィズにお越しください、とお招きをする」。その後、会計士のシャンブル氏宅を訪ねて用談を済ませ、いったんバレット家に戻り、今度はオッテリー・パークへ向かった。「ハーディックからエルズメアまで、さまざまな樹木が見事に繁茂する囲い地や小綺麗な田舎家の景色がすばらしかった。ザ・メアの土手沿いに走ってからお屋敷への角を曲がる」。

ハーディックは名門キナストン家の本邸で、この周辺に点在するいくつかのメア（古語で池・湖を意味する。今日わずかに地名として残る）の中で最も大きく、定冠詞を付して「ザ・メア」と呼ばれる湖のほとりの小高い丘陵地にあった。対岸にエルズメアの町とゴシック様式の教会が見え、「銀色の湖面にその影を映していた」。「独特の美しさを見せる正面柱廊から邸内に入ると、この名門一族の紋章や四分割の盾が窓と腰羽目板を飾る大広間に出る。そこから狭い廊下を通って、一族とエリザベス女王の紋章が縦長窓を飾るきわめて古い階段を昇る。領園内の大並木道をのぞむ客間には、オーピ画伯〔コーンウォル出身（一七六一―一八〇七）――引用者注〕の描く先代の故ヴォーン氏の面影をそのままそっくりに伝える、じつにみごとな肖像画があった」。そんな客間で、エレナーとセアラはミットン夫妻、ハーディックのキナストン夫妻、アストンのロイド氏などと歓談の一時を過ごす。「正餐の後、客間に戻って、それからヴォーン夫人にオーピ画伯の描く夫人自身の肖像画がある寝室に案内してもらう。出来栄えはいいけれど、先代の絵ほど感心はしない」[*6]。

それから湖畔を散歩した。もういちど客間に引き返す。六時半、一同に暇乞いをつげ、オズウェストリに戻った。バレット家の人達と軽食を共にして、一一時に辞去する。「午前一時に平和なつつましやかなわが家に帰宅」。こうして大勢の知人・友人と会い、おしゃべりと会食を楽しんだ、深夜帰宅の文字通り社交に塗りつぶされた、精力的な活動の一日が終わった。

この日の日記に登場するいくつかの屋敷とその人名を、地図上で確認すれば、それは、アストン・ホールを除いて、すべてオズウェストリからウィッティングトンを経由してエルズメアに至る街道沿いに確定できる。現在の国道A495沿いである。この国道を底辺に、北東にあるチャークの町を頂点にした比較的狭い三角形の地域に、エレナーとセアラの主だった社交相手の屋敷がほぼ全部ふくまれる。そこはスランゴスレンから南東の方向におよそ一〇キロ離れた、イングランドのシュロップシャー州である。

主要な知人・友人を列挙すれば以下のようになろう。

バレット家（オズウェストリ）――エレナーは親愛の情を込めて日誌に「わたしたちのバレット家の人々」と特記した。女主人のミセス・エリザベス・バレットのほか、ミス・レティシア・バレット、ミス・マーガレット・デイヴィズが交際相手だった。エレナーとセアラがペットとして可愛がった雌牛のマーガレットはミス・マーガレットからの贈り物だった。日誌にしばしば登場するミス・ヘンリエッタ・バウドラーはバレット家の友人である。

ミドルトン家（チャーク城）――チャーク城は一四世紀初頭の築城。重厚ないかめしい外観は辺境領主の城館の典型。ただし内部は大広間などアダム様式を取り入れた優雅なもの。初代城主はロンドン市長を務めたこともあるサー・トマス・ミドルトン（一五五〇―一六三一）。以来四百年間今も一族の居城である。もっともナショナル・トラストの管理下にあるが。「国王の寝室」は記録によれば、チャールズ一世が一六四五年にここに滞在の折、使用した部屋であるという。日誌に登場するのは、第九代リチャード・ミドルトン（ウェールズ旧デンビ州選出国会議員、一七二六―九五）と最初の妻エリザベス・ラッシュアウト（一七三〇?―七二）、およびその息子で第一〇代当主に当たる同名のリチャード・ミドルトン（一七六四―九六）である。

いかにこの地方の名士であったかを示す記述が一七八八年五月一九日の日誌にみつかる。「ミドルトン家の御曹司を歓迎する村の鐘が響く。父親の跡を継いで、議員に選出されるはずのデンビ市にチェスターから向かう途中、村に立ち寄ることになっていた。（中略）二〇人の軍人とともに村長を先頭にして御曹司が村に入ってくるところを見る。青と黄色の花形記章を帽子につけ、大勢の小作人が馬に乗っている。御曹司は自家用の馬車に乗り、大群衆が歓呼の声を上げ、鐘を鳴らす」。リチャード・ミドルトンは結婚することなく死んだため、三人の妹たちが共同女相続人となったが、この城を相続したのは長女のシャーロット（一七七〇―一八四三）であった。結婚は一八〇一年、夫となったのはクロフトン・

ホールのロバー・ビダルフ（?―一八一四）である。

ミセス・セアラ・タイ（旧姓ファウンズ）――セアラがアイルランドのウッドストックで少女期を一緒に過ごした幼友達。遠縁のいとこにあたる。エレナーとセアラが郷里や母国のニュース、ロンドン、バースの社交界の動静に通じていたのは、この友人のお陰だった。金銭的にも大いに頼りにしていた終生の友で、事実二人の窮状に同情して、わずかだが仕送りを続けた。ロッサーナのウィリアム・タイと結婚。この夫妻の一人娘がキャロラインで、セアラ・パンスンビーが、『ハムウッド手稿』をふくむ、自分たちの財産を遺した相手である。

ミセス・ルーシー・ゴダード――アイルランド時代からのもうひとりのセアラの親友。ミセス・ゴダードは「出奔」に反対したが、結局は二人の熱意に動かされて、二人を助け、その後人生のさまざまな局面でセアラの相談相手となった。すでに触れたサー・ウィリアム・ファウンズとの屈辱的な出来事の際セアラが助けを彼女に求めたのは一例である。

レディ・ダンガノン（チャークに近いブリンキナルト・ホール）――アイルランドのミース州のエドモンド・スタッフォードの娘で、ダンガノン子爵夫人。第二代ダンガノン子爵アーサー・ヒルと結婚、ブリンキナルトの住人となる。長女のアンは初代モーニングトン伯爵夫人となった人で、ウェリントン公の母。

ロイド氏（オズウェストリに近いアストン・ホール）――ジョン・ロイドは牧師、一七七九年ロンドンの郷士ウィリアム・シェイクスピアの娘マーサと結婚。

ほかに、広大な庭園に瀟洒な佇まいを誇るハルストン・ホールのミットン家、オッテリー・パークのミス・ヴォーンとミス・イストッド（正式にはミス・シャーロット・イストイェード）、ポーキングトンのオウエン家、ウィンステイのウォトキン・ウィリアムズ・ウィンズ、セント・アサッフのシップレ

チャーク城。スランゴスレンの南東 10 キロあまりのチャークの町に君臨する辺境領主の城館（14 世紀）。現在はナショナル・トラストが管理する。

ハンド・ホテル。かつて宿駅だったこのホテルは、イギリスとアイルランドを行き来する多くの著名人が宿泊した老舗である。

ー家、ハーディック・ホールのキナストン夫妻など。

❖もう一つの社交――書簡

ロンドンなど遠方に住んでいる知人・友人とは手紙による社交が一般だった。時あたかも「書簡の世紀」、多くの著名な日記・書簡作家が、特に女流作家が輩出した時代であった。文通こそが社交そのものといえなくもない時代だった。ロンドンやバースやブライトンをはじめとする温泉保養地・海浜保養地に住む者は別にして、地方に住む者には文通することによって社交が成り立った。日誌が本格化した一七八八年初頭の記録から手紙のやり取りを再録してみよう。

一月三日（木曜日）――バースのレディ・ブリッジマンから一二月三〇日付けの手紙。バースのミス・デイヴィーズから一月一日付の手紙届く。チェスターへ出掛けるバレット家からも手紙あり。バースのサーカスに住むレディ・ブリッジマン宛てに返信をしたためる。ミス・バウドラーには短信。レディ・ブリッジマンの手紙を同封、レディ・アン・バトラーに読んでくれるように依頼をした。レディ・ダンガノンとそれに時計の件でソルターに手紙。

当時温泉保養地バースは、ロンドンにつぐ社交の町として繁栄、多くの名士がそこに住んだ。短期滞在者も多かった。バースから手紙が郵便馬車で三日か四日くらいで、この辺境の町スランゴスレンに届けられるのは、幹線道路沿いという集配上の利点があるとはいえ、意外に早いという印象である。次例ではロンドンから三日目に届いている。また他人の手紙を同封して、それを第三者に手渡したり、読んで聞かせて欲しいことを依頼することは当時珍しくなかった。

一七八八年一月四日（金曜日）――心根のほんとうに優しい大好きなウィリアム・タイの二日付の手紙がロンドンから届く。ミス・ダイアー宛のファニ・モーガンの驚くほど美しい筆跡の手紙が同封されていた。

同年一月一二日（土曜日）――バースのレディ・アン・バトラーから手紙。（中略）キャヴェンディッシュ・スクエア、ヘンリエッタ・ストリートのレディ・モーニングトンへ手紙を書く。（中略）三時に正餐、ロースト羊肉、セロリ。ロンドンのニュー・ボンド・ストリート、一二〇番地のアンドレ帽子店に手紙を書く。

同年一月一九日（土曜日）――バースから一月一四日付のミス・H・バウドラーの手紙。社交界の近況報告。「レディ・エグリントンが不貞を理由にエグリントン城から永遠に離れることになりました。母であるレディ・トゥワイズデンは娘の不貞についてエグリントン卿から手紙で知らされるまで寝耳に水だったといいます。卿は妻に旅費として二百ポンドを手渡し、すでに身を置いている母の屋敷へ引っ越しするために馬車を貸し、生活扶助費として年六百ポンドを支払うことになりました」

同年一月二五日（金曜日）――ロンドンのレディ・モーニングトンから二一日付けの手紙。書き手の優れた心情が行間にあふれる書簡です。レディ・アン・ロードンがエイブズベリ卿と結婚する直前です。甘美な静かな一日。川から柔らかな霧が立ち上がっている。バレット家に手紙。レディ・アン・バトラーが三時に来訪、正餐、暖炉にあたりながら昔話に興じて、大いに笑い、まことに楽しい一時を過ごす。アーサー・ウェズリーから手紙。明朝、朝食をここで取りたいとの意向。

返信をしたためる。レディ・ダンガノンに手紙を書く。ポーキングトンのオーエン氏から野兎一羽の贈り物。一〇時食事。就寝一時。

際限がない抄録はこのあたりでやめよう。プラース・ネウィズの文通をふくめた社交がいかに多彩で広がりをもっていたかを知るには十分であろう。街道筋という地の利もあっただろうが、それだけではなく、多くの人が表敬のためにここを訪れている。上流階級で行われた「レヴィ」といわれる高位貴顕の接見を連想させる情景も垣間見られる。この庵を中継点にして人と情報の離合集散があきらかである。中央、地方の社交界の動静にも十分通じていた。離婚・不倫といったゴシップもぬかりなく手に入れている。したたかな現実感覚というべきである。

右記二五日付けのアーサー・ウェズリーとは言うまでもなく後のウェリントン卿である。翌二六日「アーサー・ウェズリーが来訪、一時まで滞在。後アイルランドに向かう」のである。「魅力的な、背丈のすらっとした気品ある青年」は、その後も幾度かここを訪問した。この人物は、辺境に暮らす二婦人の交際相手としては、たとえ彼女たちがアイルランド貴族出の女性だとしても、いかにもわれわれの予想をはるかに越えた社交とうつる。同じように、アイルランドの南部、同国の最大の聖地のひとつキャッシェルの大主教が、妻と娘を伴って、アイルランドへ帰国の途中の寄り道であったにしても、旧交を温めるためわざわざ庵に立ち寄ったこともある。

日誌から指名できる「名士」は、こうした例を筆頭に、枚挙にいとまがない。後章で触れるウィリアム・ワーズワス、アナ・シィーウォド、ウォルター・スコットをはじめ、エドマンド・バーク、ロバート・サウジー、リチャード・シェリダン、ジョサイア・ウェッジウッド、ミセス・ピオツィなどがいた。交際するほとんどが公爵・伯爵などの貴族や聖職者であるのは、やはり目を惹く。二人の貴婦人の「威光」は、なんども繰り返すようだが、それを故郷に捨て去って来たはずなのに、いや増す勢いである。だが、こよなく愛して止まなかったのは、そして賛美を尽くして止まなかったのは、ほかならぬこのプラース・ネウィズ。至福の時間を二人に保証したのは、結局この庵をおいてほかになかった。

❖ 村人・使用人・ペット

このような華々しい社交とならんで、プラース・ネウィズの日誌には名もない「普通の人々」との日常の交流もたっぷり記録されている。

なかでも日誌に頻繁に登場するのは、「ハンド亭」を経営するエドワーズ氏、農業を営み、庵の家主でもあるペングワーンのエドワーズ夫妻である。両夫妻ともすでにそれとなく紹介をしてきたが、家主のジョン・エドワーズは、プラース・ネウィズから南へ田舎道と林のなかを一・五キロほど行ったペングワーンに住む、水車をもつ地主農家であった。この周辺は、二人が日課のように繁く散歩した、二人の「縄張り」だった。

愛しい人とわたしはペングワーンの牧場の散歩に出る。粉挽きのデイヴィに会う。お父さん（さながらギリシャ神話に登場する陽気な布袋腹の老人）の容体はどうですかときくと、とても悪いんですという返事。お気の毒なことである。しばらくペングワーン林のすばらしい野道を散歩。帰途、水車小屋に通じる小道で家主に会った。家においでを願って、エールをご馳走する。（中略）敬愛するエドワーズ氏がわたしたちのために健康と幸福を心から祈ってくれた。（一七八八年五月一〇日）

ペングワーン水車と家主の畑を通って帰宅。それから家主宅の裏手の小さな羊の囲いを散歩。ジョン・エドワーズの奥さんがサクランボを持って来てくれる。山中に住む母親を訪ねるところだという。その帰りにまた立ち寄ってくれる。一緒に家主の納屋まで歩く。そこでスランディンから帰宅途中の家主に会う。しばし立ち話のあと、この敬愛するご夫婦は手を取り合って家路を辿った。

（同年七月二七日）

しかし、一七九九年、「敬愛する」エドワーズ氏の後を継いだ息子ジョン・ジュニアとの間に借家契約の更新をめぐって、トラブルが起こる。一〇年契約（一七九一―一八〇〇）の期限切れが迫っていた。その更新が拒まれたからだった。一〇月三一日の家計簿の記載によると、[*7]半年分の家賃を一二ポンド五シリング九ペンスにするという話があって、そのとおりの支払いをしたことが分かる。それまでは二年間の家賃が一二ポンド五シリング六ペンスであったから、およそ四倍の値上げである。家主は大幅な値上げによって立退きを内心求めたのではないか。翌年、家主の本音が明らかになった。賃貸契約の更新の拒否だった。

すでにプラース・ネウィズは、二人が住みついてから二〇年近くが過ぎようとしていたが、その間に庭は有能な庭師の手によって大幅に改良され、住まいも増改築によって魅力的な田舎家に生まれ変わっていた。二人は抗議した。一〇年前の更新時と同じように、事務弁護士のウィン氏の仲介によって、一八〇〇年六月には更新の方向で決着がついたが、このときのしこりは長く残った。二人は報酬料としてウィン氏に五ポンド五シリングを支払った記録が一八〇〇年七月七日の出費記録に残る。[*8]セアラは次のような便りを友人に送った。

昨年来巻き込まれていたトラブルについてはすでにそれとなくお伝えしましたが、つい先日それから解放されました。今から思えば、このささやかな住まいの平穏な生活に息の根をとめることを狙ったものにほかなりません。一時は絶体絶命、この場所から退去するより仕方ないかとびくびくものでした。貴女とも縁深い、わたしたちにもこんなにもいとおしい、家具と本の詰まった場所です。あたりまえのちっぽけな財布しか持たぬ身には、この山間の片田舎で新居を探して、引っ越しすることなんてそうおいそれとできることではありません。（一八〇〇年六月、日付なし）[*9]

村のもう一軒の旅籠「ライアン亭」のオーナーがパークス夫妻であることはすでに紹介した。村の食料雑貨屋はミセス・ウァラルの店である（この婦人はよく二人に金を貸してくれた）。遠く離れていたが、ルーアボンの雑貨商、ミセス・パリからも家庭日用品を買い求めた。「ルーアボンのミセス・パリが来訪。請求書をもってではない。債権者としてではなく、一一年来の友人として。また、わたしたちも一一年このかた真心と律義と最大の心遣いをもって接してくれた知己として迎えた」（一七八九年一二月三日）。ときには、レクサムの町の食料雑貨店ブラウンからも生活用品を取り寄せることもあった（一七八八年八月一〇日）。

ほかに、粉挽きのデイヴィッド、時々怪しげな請求書をもってくる油断のならない大工・室内装飾人のベイリス、自家製のバターとチーズ、それに上等な鵞鳥の肉を売ってくれた「九一歳、視力は衰えたが、耳はしっかりしている。毎日どんな天気でも散歩を欠かさない」（同年一二月五日）、元気者のロバーツ（ディンブレニサーフ村）がいた。「会計士のシャンブル氏は書記を介して年金二〇ポンド一三シリング四ペンス」を届けてくれた（一七八九年三月一九日）。医者のクルー氏、薬屋のターナー氏とジョーンズ氏、事務弁護士のウィン氏、酒屋のヘスキース氏、仕立屋のダン氏、カトリック信者のチェスターに住む美容師のホリデイ、それに本屋のアプルヤード、エダウズ、サンドフォード氏などがいた。一七九一年五月の出費の記録を覗いてみよう。[*10]

一日――「ハンド亭」から配達してもらったエールの代金として六ペンス。
三日――漆喰壁の補修代金としてベイリスに五シリング。
七日――漆喰壁の補修代金としてベイリスに一五シリング六ペンス、全額を払う。
モリーの解雇で二シリング六ペンスの手当と一ポンド二シリング六ペンスの退職金。
一一日――ジャガ芋の植えつけをしてくれたエヴァンズの息子に三シリング。
一三日――絨毯のブラッシングに三シリング。
困窮者メアリ・グリーンに二シリング六ペンス。
一四日――散歩道のための砂利を注文、エヴァンズに二シリング六ペンス、もう一人に一シリング二ペンス。砂利敷きをしてくれたエヴァンズに六ペンス。
本屋のアプルヤード氏にこれまでの未払い分の全額二六ポンド一三シリング六ペンス。
モーゼズ・ジョーンズの週給一〇シリング。
一五日――鱒数尾一シリング。
一九日――女中メアリのために錠剤一箱四シリング六ペンス。
二三日――チェスターからの美容師に一一シリング六ペンス。
二五日――小麦六ポンド四シリング。
二七日――ヘスキース氏に一三ポンド三シリング全額を支払う。

モルトウィスキー一六ポンド一四シリング六ペンス。

メアリ・グリーンに二シリング。

三一日――オッテリーおよびオズウェストリへの馬車代として「ハンド亭」のエドワーズ氏へ一六シリング六ペンス。


最後に使用人を簡単に紹介しよう。

最も重要なのが、右の出費記録に「女中メアリ」とある、二人の終生の味方であったメアリ・キャリルである。もともとセアラのウッドストック・ハウスの使用人であったことは先に述べたとおりだが、この女性の手助けなしには出奔も不首尾に終わったことだろう。メアリは忠実な使用人というより確実に友人であった。日誌に登場することは稀だったが、長い二人のプラース・ネウィズの生活を文字通り

貴婦人に忠実だった女中、メアリ・キャリル。彼女の献身がなければ、二人の出奔も成功しなかっただろう。

陰で支えた存在だった。二人からは「最も真実の友」と呼ばれ、限りない信頼を寄せられたが、二人の友人・知人もメアリを「あなたがたの慎ましやかな友にして信奉者」と呼んだ。彼女はスランゴスレンの教会墓地に二人の貴婦人とともに埋葬されている。破格の扱いというべきである。

自慢の庭を手入れした男衆はパウエル、リチャード、ウィリアム・ジョーンズ、モーゼズ・ジョーンズ、サイモンなどだった。リチャードやモーゼズのように首になったり、その後釜に新規の庭師が雇われたり、顔触れはかなり代わったらしい。「あの酔っ払いの怠け者のリチャード」は完全に悪者扱いされて首になった。「モーゼズ・ジョーンズを度重なるでたらめな飲酒のため首にした。庭師ということで一四カ月間働いてくれたが、この七カ月間というもの週に三度酔っ払う有り様。今朝も芝刈りを始めたが、三カ所刈ると、鎌をおき、パブへ走った。もどってきて芝刈りを始めたかと思うとまたパブへ行く。三回目のとき、愛しい人とわたしは彼から庭の鍵を取り上げ、今日一日分の手当二一ペンスを支払った」(一七八九年六月九日)。しかし、サイモンのように長い間庭師として働いた者ももちろんいた。

モリ・ジョーンズは台所の下働きだった。一時解雇されたことがあったが、再雇用され、またずっと後になってから、疥癬のため解雇され、治った時点でもう一度仕事に復帰した。やはり女中として働いたのがグウェンドーレンだったが、彼女の仕事ぶりは模範的だったという。もう一人、通いの手伝い人にペギーンがいた。勤勉な女で、随分と重宝したらしい。"IW" として日誌にときたま現れる使用人は「アイリッシュ・ウーマン」の略記で、実名への言及はついにない。彼女はもっぱら郵便物の発送・受領の使い走り役だった。必要があれば、集配局のある町レクサムまで一日掛りで出掛けて行くことも決して珍しくなかった。エドワード・パリは馬丁。給料が負担になって結局解雇したが、他にもいろいろ不満があったらしい。

ペットもいた。二人は自分たちの子供のように可愛がった。最初の犬はフラートという雌犬で、三匹の仔犬を産んだ。牡のローヴァーと雌のベスとジプシーである。他にサッフォとフィリスがいたが、フィリスはレディ・ダンガノンがハンプトン・コートの隠居の身になったとき、動物を連れて行けなかったため、ここに預けられた犬だった。

猫もいた。一八年も長生きしたタターズ、吹雪のとき行方知らずになったマフ、他にトマス、バベット、ブランディ、ギリアンなどがいた。犬や猫と同じように可愛がったのが牛である。最初の牛はマーガレット、散歩のときによく連れ出したグローリ、ミス・ヘンリエッタ・バウドラーから贈られたリンダ、他にプリムローズと一番大事にされたと思われるビューティなどがいた。「冬に備えて、今夜マーガレットを、この子は独りではいられない質なので仲間と一緒に好物の干し草を添え、小屋に入れた」(一七八五年一二月三日)。「ベリックから友人が親友中の親友であるミセス・パウイスからの贈り物として最高に愛らしい雌牛を連れて来てくれた。名はビューティ」(一八〇二年一月一九日)。「わたしたちの大好きな美しい忠実な仲間のジプシーが昨晩死んだ。死を悼んで本当に悲しみの涙が止まらなかった。愛犬フラートとベスの傍らに埋葬した。可哀想な小さき生命、その愛情は無私で真摯であった。わたしたちはそれに応えて心遣いと寛大と大きな優しさをもって接してきた」(一七八九年八月一九日)。

第五章　日誌を読む――身辺雑記

❖ ジギタリスと彗星と新兵募集の日

夕べの美しさに誘われて、教会まで二人して散歩に出る。なんとも神々しい虹が散歩の友。芝の共有地を通り過ぎるころから雨が降り出す。ペンダイルの農家に雨宿り。台所を見ると、美しい女の人が揺り籠を静かに動かしている。あまりの若さに、この幼子の母親とも思えず。でも指にはめた指輪を見て納得。隣の部屋では小柄な女の人が毛糸を巻いている。傍らにかわいい娘さんが二人。歌を所望すると、ウェールズの歌を糸巻き車に身を寄せながら、その単調な旋律にあわせて表情たっぷりに二曲歌ってくれた。（一七八九年六月一九日）

エレナー・バトラーの日誌には身辺に生起するさまざまなエピソードが記録された。いわばスランゴスレン村の生活の素顔の記録である。それは、社交の記録以上に、日誌に精彩と人間味をくわえて、もう一つの魅力となった。[*1]

一七八八年七月三日（木曜日）――少年がタンクス湿地で見つけたといって白ジギタリスの花を五株、根っこから土が落ちないように丁寧に掘ってもって来てくれた。贈り物のすばらしさもさることながら、花をもって来てくれる優しい気持ちのほうがもっと嬉しかった。とても珍しい花で、とても美しい。

花を届けてくれる「少年」が見ず知らずの男の子とは考えにくくて、つい知り合いの少年かと思うのだが、原文には不定冠詞が付いているから、やはり見ず知らずの少年かと思う。ジギタリスはイギリスでよく見かけるピンク色の釣り鐘型の花を咲かせる野花だが、花が白いというのは確かに珍しい。原語のフォックスグラヴを直訳して「キツネの手袋」の別称がある。

同年一二月一三日（土曜日）――バースのミス・H・バウドラーから八日付の手紙。サー・ヘンリ・イングルフィールドの話によれば、彗星は太陽に向かって刻一刻地球から遠ざかっているので、長くは見られないが、朝六時、東の空に明るく輝いて見えるはずという。

好奇心いっぱいのこんな記事がこの日誌の楽しい意外性の一つなのだが、一五日には目撃者の話として「昨日の朝、彗星を見るためレクサム近郊の丘に登ると、東の方角に明るく輝く彗星を発見した。直径は月の半分くらいで、一ヤードほどの尾を曳いて、鎖かたびらを長くしたような姿だった」と記されている。さらに二五日には、同じミス・バウドラーから手紙が届いて「ハーシェル博士、サー・H・イングルフィールド、スミス氏らの彗星観察は徒労に終わった。フランスでは幾人かの哲学者が、望遠鏡で北の方角に小さく彗星を見ることができた。スコットランドでは一人の牧師が、キツネのしっぽのような尾をもった、カブラほどの大きさの星を見たという」と追記した。行間に心の弾みが聞こえてくるようである。

フリードリッヒ・ヴィルヘルム・ハーシェル（一七三八—一八二二）はドイツ、ハノーヴァーの生まれのイギリスの天文学者で、当時世界最大の口径一・二二メートルの反射望遠鏡を作り、天王星を発見した。時の国王ジョージ三世を称えて、これを「ジョージ星」と命名した。のち国王付天文官に任じられ、太陽系の運動を解明、主著『宇宙における太陽系の運動』を著した。ほかに二五〇〇の星雲と八百の二重星を発見するなど、その業績は天文学の発展に大きく貢献した。

同じ科学的関心は次のような記述にも読みとることができる。スイスの科学者ジャン・アンドレ・デ・リュック夫妻が「ハンド亭」に滞在して（前章で触れた）、七月八日と九日の二日続けてプラース・ネウィズを来訪した際の記録である。朝からの雨が夕方上がって、夫人と散歩に出て、話題になったこととして、「雛の孵化に関するハラーの研究のこと、卵の中の赤い小斑点が心臓になる部分だという。旅行の移動距離を測定するゲスナーの機器発明にかかわる感動的な物語。ハーシェルの月観察用反射望遠鏡と星を観察するためのもうひとつ別の型の望遠鏡のこと。月面の斑点ははたして火山なのか、それとも遠く離れた惑星の光の反射なのかという疑問など」。

二人は人の話を聞くのが好きだった。つまり聞き上手だった。あれほど社交が弾んだのも、そうした二人のいわば好奇心のなせる技と言えるだろう。話題は文学だけに限られなかった。科学にも政治にも大いに関心を示した。とくに自分たちとは全く別の世界について、強い好奇心を発揮した。彗星の話などもその一例である。

ついでに言えば、このとき二人は、いかにも女性らしくというべきか、ルソーのテレーゼ・ルヴァスールとの結婚をめぐる一部始終を話題にした。たんなる興味本位の世間話でなく、多大な感化を受けたルソーであるから、その生きざまにも平生から大いに関心を寄せていたと考えられる。

これは、ルソーの生涯でヴァランス夫人との情事とならんでよく知られた恋愛事件である。ルソー、三三歳の時（一七四五年三月）、パリの宿でオルレアン生まれの当時二三歳の女中と知り合い、関係を結んだ。翌年には第一子誕生、以後一七六八年夏フランス、ブールゴアンの町役場で証人を立てて正式に結婚式を挙げるまでに、五人の子供が生まれた。エレナーが北ウェールズの片田舎で日誌をつけていた時点は、それから二〇年後のことであり、ルソーが死んでから一〇年がたっていた。

新兵募集の日。「わが家の門の真正面にあたる山の斜面に、まるで蜂のようにものすごい人だかりで、大勢の人が野外ステージの演し物を見物するために座り込んでいた。ステージは切り立った崖の端っこ、木立の中に作られ、新兵募集のために兵士が太鼓を叩き横笛を吹きながら起伏する山道をステージに向かって行進をつづけていた。いくつもの牛の群れがステージの上方にも下方にも広がって草を食んでいた。群衆の歓声、太鼓と横笛の反響、鳥の鳴き声」（一七八八年六月一四日）。

一八世紀、新兵の募集は兵士たちが村から村へ移動しながら行なった。村の居酒屋前の広場に急拵えした舞台で、派手な赤い軍服を着た兵士たちが鳴り物入りで宣伝につとめると、村人が大勢集まって、いっとき村は祭りのように活気を呈し、村娘は格好のよい若者に嬌声を張り上げるのだった。

不気味な男の訪問。「甘美な夕刻。背の低い、黒髪の、太った感じの人相のよくない男が、歯痛を装ってやって来た。黒い服に長めの白っぽい乗馬服を着て、ソフト帽の縁をたらした格好。お二人のどちらでもいいから話がしたいと言いながら、自分は肖像画家で、母は皇太子の元家事担当のお側仕えだったなどとしゃべる。用事はありませんと、女中から伝えてもらうと、台所へ上がり込んで来て、今度はビールが欲しいという。そしてどっかり腰を据えてしまいそうな気配。愛しい人とわたしはすっかり恐ろしくなった。わざわざセアラが台所へ下りて行って、すぐに出て行きなさいと命令すると、おとなしく帰って行った。きっとどこかの泥棒仲間かそれとも監獄を脱走して来た者にまちがいない」（一七八九年五月九日）。

❖ イタチとガラガラヘビと牛の死産

イタチにはずいぶんひどい目にあったらしい。長いこと面倒をみてきた大事な雌鶏が、餌をやりにいくといなかった。はじめ近所の質の悪い女の盗みかと思った。近くの野原、川、森の中、ありとあらゆる場所を探すが見つからない。ようやくイタチの仕業ではないかと思い当たった（一七八八年一二月一一日）。果たせるかな、翌日、村の機織り職人が小川の脇の古塀の下で、首がなくなっている哀れな姿の鶏を見つけたのだった。「このイタチは、家禽の飼育をしている農家の全員から憎まれ恐れられていた、昔からのいたずらものである。シフリメン川近くのちょっと近づけない堅固な砦に棲みついている悪玉である」。この雌鶏は人からの贈り物で、この話を聞き知ったかつての贈り主が、同情して一羽若鶏を届けてくれた。「殺された鶏の子供です、どうか受け取ってください、自分で孵化させて育てた幼鶏です」（同年一二月一二日）。この好意をエレナーは「この土地ならではの同情と感情のこまやかさ」として受け入れた。

イタチの被害は、オズウェストリにミセス・バレット夫人を見舞ったときにも、夫人から聞いて日誌に綴った（同年七月一三日）。犠牲になったのは雌の七面鳥だった。男やもめとなった雄の七面鳥は「それからというもの子供の世話を引き受け、一日中それはそれは深い愛情を注ぎ、夜になればみんなを集め、羽の下に保護してやるのです。鳥類の記録の中でこれに並ぶ分別と愛情の例は他にないでしょう」

アメリカのサウス・カロライナ州のチャールズタウンに長年住んでいた人から聞いたガラガラヘビの話が日誌に見つかる（同年五月三日）。

猛毒のガラガラヘビに森で咬まれた黒人が、偶然近くにあったアメリカ・リョウリバショウの葉っぱを咬んで二度も命拾いをした話である。アメリカ合衆国南東部に産するガラガラヘビとは、仲間のうちで最大の大きさで（体長二・四メートル以上）、もっとも恐れられているダイアモンドガラガラヘビであろう。今からみれば、話自体に新味はないが、記録の締めくくり方がいかにもエレナーらしいと言える。アメリカ・リョウリバショウの葉の解毒性の「発見はひじょうに重要であり、毎年多数の犠牲者を出していることから、集会が開かれ、その席上、例の黒人は奴隷の身分から解放され、年額五〇ポンドを支給されることが決まった。そして毎年、その地域の年報に治癒成功例が発表されている」。短い記述だが、ここには彼女のたぶんに人道的・社会的関心がうかがわれる。柔らかな眼差しが日常・身辺から切り取ったエレナー固有の「風景」である。以下もその例である。

「散歩の途中、男の子に会った。どこへ走って行くの、と訊くと午前中に発見した鳥の巣を取りに行くという。鳥をいじめてはいけません、とお説教をした」（同年四月二八日）。

「シフリメン川沿いの牧場から羊たちのものすごい悲鳴が聞こえて来たので、囲いへ駆けつけてみると、川辺に放牧された群れ全体がパニックに陥っている。ようやく対岸の生け垣でイバラが首に絡み付いて一頭の羊が宙づり同然の有り様で窒息しそうになっているのが分かった。すぐに人に頼んで、危ないところを救い出してもらった。羊たちは、仲間がイバラから解放されたと知ったとたん、先程までの悲鳴がおさまって、一様に優しい目付きに変わって、助け出された仲間を眺め、嬉しそうにまたもとの楽しみに戻っていった。なかに一頭だけ仔羊が川を渡ろうとして、母羊から短気をたしなめられ、代わって親が勢いよく水の中を対岸へたどり着き、乳を吸われるままにおとなしくじっと立っていた」（同年四月二四日)。

牛の死産。二人がかわいがっている牛が出産を控えて、預け先の農家からプラース・ネウィズの小屋に帰って来ていたが、母牛の体調が崩れ、死産に終わった顚末。老獣医(それともこの方面の経験が豊富なごく当たり前の老農夫かもしれない)が産婆役として来てくれた。「極めて危険な状態と言う。『アイルランドの女』を使いに出してエドワード・エヴァンズ氏を呼びにやるが、見つからない。でも粉挽きのデイヴィッドと家主のエドワーズ氏の奥さんが来てくれる。全く恐縮してしまう。みんなで力をあわせて、ようやく仔牛を取り上げる。今まで見たこともない大きな雌の赤ちゃんだったが、すでに死んでいた。でも母牛は健在、子供のことはあきらめることにした。気の毒に足の具合が悪いというのに、家主の奥さんはエプロンに大麦の麦藁を一杯入れてもって来てくれた。母牛への贈り物だという。産後の牛にこれにまさる食べ物はほかにないという話」(一七八九年五月二六日)。

村の粉挽きマシューが亡くなった。これまで世話になってきた好人物の葬儀の日。「居間の窓の外になんとも涙を誘う光景が目に入った。葬列の先頭は村の牧師様と教区の筆頭農家の主人たち、そのあとに教会書記と故人が所属していたクラブの全会員。みんな無帽で、手に手に杖を持ち、厳粛な葬送歌を歌っている。そのすぐ後ろに棺が棺架にのせられて運ばれて行く。黒衣に身を包んだ老未亡人がえもいえぬ沈痛な面持ちでそれに続く。そして大勢の女の人たち。葬列は野原を横切る起伏ある小道をゆっくりと進んでいく。そのあいだも弔鐘がしきりに響く、その音がわたしたちから涙をとめどなく誘い、後に優しく暗い空気が流れる。それは霧散させてしまいたいと思うより、いつまでも大切にしていたい、そんな感じの空気だった」(一七八八年八月二九日)。

❖ぼや騒ぎ・狂犬・幼児殺害事件

その日は六月とはいいながら肌寒い一日で、暖を取りながら手紙を書いているときだった。不要になった手紙をなにげなく暖炉に投げこむと、パッと炎が上がり、煙突にたまっていた煤に燃え移り、火勢はものすごい唸りをたてながら一気に増した。「このときの恐怖は筆では書き表せません。村へ使いを走らせて助けを求めました。知らせがまだ村に届かないうちだと思いますが」、村人が一〇人あまり「水を入れたバケツを頭の上に載せてわが家に馳せ参じてくれる姿が見えました」。一人が「畑で作業中に煙に気づき、村へ走って行って、ぼや騒ぎを知らせてくれました。彼は梯子をしっかり固定すると、シャツ一枚になって、屋根に上がり、上から煙突にバケツの水をかけ、ようやく火を消し止めてくれました」それから村人は長いロープにツタの枝を結んで、くすぶっている煤を払い落とした。「皆さん黙々と親切に協力をしてくれ、怖かったでしょう、でももう大丈夫ですよ、と慰めてくれました。（中略）労をねぎらって、ビールの大盤振舞い、乾杯。村人はわたしたちの長寿と健康を祈ってくれました。事無きをえたことを全能の神に感謝、ようやく人心地がついて就寝。村の時鐘が二時を告げた」（一七八八年六月四日）。

狂犬の話。当時は狂犬の取り締まりが今日のように徹底していなかったから、今では想像もつかない不安があっただろう。レクサムの町からやって来た時計屋の話によれば、先週「若者が狂犬に咬まれて、恐ろしい狂犬病にかかり、苦しむのを見かねた友人が毒を飲ませた。今日がその埋葬の日」（同年一〇月二五日）。なんとも恐ろしい話である。「友人」は罪にならないのだろうか。

もうひとつ恐ろしい犬狩りの話。「昨夜、司祭の飼う大型犬の気が狂って、今朝射殺された。近在の大型犬がこんなふうに狂うのはなにかしら謎めいた訳があるにちがいない。わたしは近頃通りや町中にいっぱいいる浮浪者が犬にやっている毒入りの餌のせいではないかと思う。連中は手足を負傷した水兵や職を失った使用人や行商人などになりすまして強盗をくわだて、その際このてごわい番犬が邪魔になってしかたないのである」（同年一一月七日）。とうとうレクサム周辺では犬狩りがいっせいに行われた。「サー・ウォトキン・ウィリアムズ・ウィンは猟場番人と地区住民にウィンステイ、ルーアボン、石炭採掘所などの周辺を巡回して、見つけしだい犬を射殺する指示を出した。同じ指示はレクサムでも治安判事から出され、明日から施行されることになった。スランゴスレンの警察官が採石所の回りに柵を設ける件でわが家にやって来た。『ハンド亭』の主人エドワーズ氏に来てもらい、しばし相談」（同年一一月九日）。

次はまさかと思ってしまう幼児殺害事件のこと。「昨夜、自分の子供を殺した嫌疑で薄倖の女が逮捕された。幼児の遺体はメリオネスシャー（ウェールズ北西部の旧州。現在のグウィネッズ州――引用者注）のいちばん険しい山奥で狐狩りをしていた人たちによって発見された。死体は大きな岩陰に芝土をかけられていた。人間としてあるまじきこと！」（同年三月九日）。寒い陰鬱な翌日の日誌には「哀れな幼児の遺体が籠にいれられて山から運ばれて来た。それには証人として男三人と女四人が付き添った。直ちに教会で陪審員による検死が行われた。（中略）検死の結果、とっさの激情に駆られた発作的殺人と判断され、この哀れな罪人は今夜リシン刑務所に行く。幼児は洗礼を受けた後、教会墓地に埋葬されることになった。弔いの鐘が鳴る」。さらに翌日「昨夜リシン刑務所に送られた薄倖の女は幼児が自分の子であることを認めたが、あんなおぞましいやり方でめった打ちにしてはいないと否定した。どうか無限大の慈悲の万能の神がこの罪業を悔いるべく彼女に恩寵を恵み与えてくださいますように」。「リシン刑務所の薄倖の女から手紙。わたしたちに何ができるのだろう？」（同年三月一八日）。

❖ いわれない中傷の暴力

一七九〇年夏、予想もしなかった「事件」が起きる。それはスランゴスレンに居を定めて一〇年もった時点で、いまさら何故なのか、と首をかしげたくなるような「事件」であった。なかば覚悟はしていたものの、もう忘れかけてもいい時期だった。七月二四日、『ゼネラル・イーヴニング・ポスト』紙を開くと、「女同士の異常な愛情——女隠者」という見出しで、次のような記事が読めた。[*2] 二人は激怒し、ことにエレナーは即刻購読を「もっとも本質的な理由で」中止した。全文は四五〇語あまりのかなりの長文で、ミス・バトラーとミス・パンスンビーの二人が社交界を捨ててウェールズの某渓谷に隠棲していること、ともにアイルランドの名門の出であることを紹介した後、次のように続く。

オーモンド家の出身であるミス・バトラーにはいくつもの縁談話があったが、その全部を断った。結婚の邪魔をしているのは、彼女の特別なそして人生の友、ミス・パンスンビーの存在であるらしく、二人を引き離すのが適当ということになって、ミス・バトラーは外出禁止をくらった。ところが両人はことを図って出奔の挙にでた。だが追っ手に捕まり、それぞれの親戚の屋敷に連れ戻された。なんとかして結婚させようとあの手この手が使われたが、その都度ミス・バトラーの、どんなことがあってもだれとも縁組はしません、という必死の主張に、両親も折れて、それ以上縁談がもちこまれることはなかった。

以下、二人が出奔を成功させたこと、わずかばかりの所持金と収入を確保したこと、ただバトラー家

〔紙面の誤記。正しくはパンスンビー家――引用者注〕の女中に真実を告げて、居場所は絶対だれにも漏らさず秘密にすること、友人にはこれ以上の詮索を控えるように伝えること、美しい渓谷に居を定めてから数年、村人にも素性を明かさず、ただ「渓谷の貴婦人」として知られていたことなど、記事の内容は事実とさほど掛け離れていない。そのあと二人の容姿と生活ぶりについて、次のような記述がある。

ミス・バトラーは背が高く、男っぽい体つき、常に乗馬服姿で、玄関の帽子掛けに帽子を掛けるときはスポーツマンそっくりの仕草、いまも着用しているペチコートを別にすれば、どこから見ても青年である。ミス・パンスンビーはそれと反対に教養ある、女性らしい、魅力的な美人である。〔中略〕二人の生活は清廉、典雅、風流である。使用人は女性のみでわずか二人。家政を担い、客人があればホステス役を務めるのはミス・パンスンビー、一方庭園とその他の敷地部分を管理しているのはミス・バトラーである。

二人には、ことにエレナーには、右の部分が腹に据えかねたと思われる。ありもしないことを書き立てられたという思いがあっただろう。言われない中傷と受け取ったのではなかろうか。容姿について、特に服装について、服装倒錯とも受け取られかねない書き方に異議申し立てをしたい気持ちに猛然と駆られたのではなかろうか。「異常な愛情」という見出しや「女隠者」という副題にも我慢がならなかったのだろう。もう少し別な言い方をすれば、二人はレズビアンであると言うこととほとんど同然である。これを黙視できなかったのだろう。それに後半部分が指摘するプラース・ネウィズでの役割分担にもかなりの不満を感じたのではなかろうか。

新聞記事がたとえ容姿について事実に反していたとしても、そのことだけであれば、エレナーは、このときの過剰とも思える反応をみせなかっただろう。彼女はすでに五一歳である。E・メイヴァーも、歪曲された部分はあるにせよ、概して事実に沿った内容である、しかし、二人にしてみれば、新聞報道というやり方でいまさら世間に「宣伝」されたくなかったのだろう、と同情的である。そしてこの記事には二人の異端性に対する「紛れもない嫌がらせ」が読み取れるとした。

❖紳士用乗馬服を着た貴婦人

現実のエレナーはどんな容姿の女性であったのだろうか。親交のあったジャンリス侯爵夫人ことステファニー・フェリシィテ・ドュカレスト・デ・サントーバン（一七四六―一八三〇）は、プラース・ネウィズに最初に滞在した時の好奇心を煽られるような二人の印象を、エレナーについて「魅力的な面立ち、輝くばかりの若々しさ、溢れんばかりの健康美」とし、セアラについて「青白い憂愁をたたえる美人」と書いた。ふたたびE・メイヴァーによれば、ミス・バトラーは「背が高く、男っぽい」どころか、「中年の太り気味で背も低め」で、「どう見ても青年」なんかではなかった。

肖像も有力な資料である。しかし、二人はモデルになることを毛嫌いしたから、現存する肖像は極端に少ない。よく知られているのは、メアリ・パーカー、後のレディ・レイトンによる水彩画である。メアリ・パーカーはオズウェストリのアマチュア女流画家で、一八二八年プラース・ネウィズを訪れた際、こっそりスケッチしたものに基づく水彩である。これはのちにR・J・レインによって版画化もされたが、水彩画そのものは、一風変わった額縁にいれられ、当時のままプラース・ネウィズの書斎に現在掛けられている。

水彩画は、大型の円卓に向かってソファに腰掛けた、書斎（と思われる）の二人を描いた肖像で、それをみると、印象としては逆のように思われる。つまり横顔を見せる左の人物がミス・パンスンビーで、並んで座るもう一人の人物より体格がよく、肉付きもよく、大柄で、ひどく撫で肩のエレナーよりどちらかといえば「男っぽく」見える。

着ているものに注目すると、二人とも黒っぽい、男っぽい、乗馬服とも見えなくもない背広風の洋服である。記事中の「乗馬服」うんぬんは、このような男っぽい地味な服装がもたらした、たんなる連想かも知れない。思い出すと、出奔のとき、確かどちらだったかが、あるいは二人ともだったか、乗馬服を着用して男装をしていた。どうも二人はほとんどいつも男みたいな服装をしていたらしい。馬車で遠出をするときも、婦人用乗馬服といっても、黒っぽい服で、貴婦人の優雅さとは程遠かったのではあるまいか。帽子はシルクハットを常用していたらしい。

もう一点、愛犬とともに庭に立つ、今度はまぎれもない乗馬服姿の肖像が現存する。J・H・リンチの石版画である。二人の死後描かれたものとされるが、モデルの姿勢と表情は、座像と立像の差があるだけで、基本的にはパーカーの肖像に同じである。愛犬を従えて、シルクハットをかぶり、黒っぽい上着と黒っぽいロングスカートを着用している。

エレナーとセアラはスランゴスレンに落ち着くとすぐ、村の仕立屋サットン・アンド・サンで服を新調した。[*3] 二人が婦人服でなく紳士服の仕立屋に出掛けたことに注意したい。型通りの採寸・生地選びがあった後、ワイシャツ、立ち襟などを注文した。店主は驚いて、近くにある婦人服専門店を奨めるが、エレナーは意に介さず、「いいんです。殿方用のもののほうがいいのです。もちろんサイズは合ったものにしますけど」ときっぱり言って、ますます店主を驚かした。結局、エレナーたちがこのとき買った品物は、ロング・スカートと上着を三セットずつ、それにアイルランド産の黒のツイード生地でコート

紳士用乗馬服を着た貴婦人、エレナー・バトラーとセアラ・パンスンビー（左）。J.H.リンチ画。

を一着ずつ、ビーバーと黒絹のトップ・ハットを二個ずつ、インド更紗のクラヴァットを一ダース、それに上質の革手袋二つだった。二人は完全に同型・同色の服装をすることに決めていた。店主は始終怪訝な表情のままであった。

こうしたことが積み重なると、つまり村人による同種の「目撃」が繰り返されると、それが噂を生み、一人歩きする形で増殖を始める。こんなどこにでもよくある事がスランゴスレンでも起こった、と言えるだろう。男装めいた服装でいることが日常的であったとすれば、「服装倒錯」のレッテルを貼られても仕方なかったかもしれない。L・フェダーマンは、この新聞記事のうち「男っぽい体格……どこから見ても青年」の文言に「年を取るにつれて、二人とも服装倒錯まがいの服装をした」と注記している。[*4]

役割分担について言えば、右に触れた洋服の新調の場合は、完全にエレナーの主導で行われた。たしかに、一般の印象から言えば、E・メイヴァーの指摘をまつまでもなく、エレナーの方が性格的に強く、決定権をもっていたのは年上の彼女であったと思われる。しかし、必ずしもそうとばかり言えないことは明らかである。例えば、すでに引用した「ぼや騒ぎ」のとき、周章狼狽したのはエレナーの方で、落ち着いて適切な対処ができたのはセアラであった。また不気味な男が訪ねてきて、台所に侵入したとき、これも紹介済みだが、女中に頼まず、自分から台所へ行って、男を追い返したのもセアラであった。どうやら現実感覚の面ではセアラの方が勝っていたと思われる。

洋服新調のときも、買いあさるエレナーを横目で眺めながら、支払いを気にかけていたのはセアラだった。経済的に必ずしも余裕があった訳ではない家計のやりくりは、たしかに新聞記事が言うように、どちらかと言えばセアラの役目だった。勘当同然の身であれば、それぞれの実家からの仕送りも思うにまかせなかった。「名声」が確立するにしたがって、郷里の怒りも次第に和らぎ、多少の仕送りが期待できるようになったり、年金がはいるようになるが、それでも手元不如意の不安定は長期にわたって二人につきまとった。セアラが現実的だとすれば、エレナーは理想家肌だったといえるだろう。屋敷の増改築や庭園の改良を重ねて、そこに住む人だけでなく、屋敷そのもの、庭園そのものを魅力あるものに仕立て上げ、有名にしたのは、確かにエレナーの手柄だった。セアラの現実主義ではそうはならなかっただろう。しかし、その現実主義が、エレナーにとっては、「現実との懸橋」[*5]という重要な役を立派に果たしてくれたのだった。

❖ 中傷の暴力に抗して

さて、本題に戻って、いったいこの中傷記事を書いたのは、あるいは書かせたのは誰だろう。かつて馬車代金の支払いを巡って貴婦人との間で一悶着あったことを根拠に、E・メイヴァーのように、地元「ハンド亭」の主人ではないかとする考えがある。しかし、現実には資料に乏しく確かなことは言えない。「噂の増殖」というのが、妥当な見方だろう。ここにひとつ、例の実名小説『二人の貴婦人』に興味ある記述が見つかる。それを要約すると以下のようになる。

記事が出る三カ月ほど前のある日、一人の若い男がプラース・ネウィズを訪ねてきた。応対に出た二人の「貴婦人」をみて、男は噂には聞いていたとはいえ、一瞬とまどいを覚えたようだった。二人は乗馬服にシルクハットという服装で、髪の毛を短くカットしていた。「『ゼネラル・イーヴニング・ポスト』紙の記者で、イアン・コーウィンと言いますが、お宅のすばらしい庭の取材におうかがいしました」。「そんなことはお願いした覚えございません。すぐにお引き取りください」。記者は握手を求めるが、エレナーはそれを無視して、セアラと一緒に家に入ってしまった。記者は後を追って、窓ガラスを通して、エレナーがシルクハットを「スポーツマンそっくりの仕草で」帽子掛けに投げかけるのを目撃した。次いで窓越しにエレナーともう一人、いやに「大柄の、力のありそうな女」の姿を認めた。記者はメモをとると、大急ぎで現場から立ち去った。

記者はもしかするとこの二人の女をエレナーとセアラと取り違えたのかもしれない。「力のありそうな女」はいうまでもなく、女中のメアリ・キャリルである。現在プラース・ネウィズに保存されている彼女の水彩画を見ると、暖炉の前に立ち、愛犬・愛猫と一緒に描かれた彼女は、信頼された使用人らしく鍵束をもっている。いかにも体格のよい頼りがいのある女である。奇妙な印象が拭えないのは、頭の上で髪の毛をミミズクの耳のように丸めて突き立てた形容しがたい髪型のせいであろう。彼女はアイルランドでは「乱暴者のモリ」と呼ばれていた。太くて大きな声、アイルランド訛り、ぶっきらぼうな態度など、人に与える威圧感はだれもが認めるところだった。鰊と牡蠣を買おうとして、口角泡を飛ばして魚屋と掛け合っているメアリの威勢のいい大声が、書斎にいるエレナーの耳にも響いてきたことがあった。

新聞記事が出た日、エレナーは即刻「もっとも本質的な理由で」購読を中止した。「嘘っぱちと嫌みだらけじゃない。わたしの名前もろくすっぽまともに書けない間の抜けた男ですよ」。「怒らないでください、どうか。だれも読みませんよ、だれもあんないいかげんな文章、相手にしませんよ」。「だれもだって？　みんなが読んで、みんなが信じちゃうわ。『異常な愛情』の女たちを一目みようと物見高い連中が殺到するわ。庭だって所かまわず踏みにじられちゃうわ。イタチやネズミやパン屋のゴキブリと同じよ」。

頭痛がエレナーを襲いはじめた。彼女は一〇歳年長のエドマンド・バークに手紙を書いて、訴訟を起こすことをふくめた助言を求めた。「どうしたらこの汚名を晴らすことができるでしょう？」バークは当時大きな影響力をもった最高の知識人だった。もっとも頼りになる知人だった。

バークは一週間後エレナーに長文のしかも丁重な配慮の行き届いた返信をしたためた（『ハムウッド手稿』にはその全文が記録されている）。[*6] このとき、バークは思想家・文学者としてより法律家の立場で助言を与えた。まだ問題の新聞記事を読んでいなかったバークは、すでに読んでいる友人に相談した。憤慨は分かるけれど、こうした類いの問題では「法に訴えても賠償を勝ち得られるかどうかははなはだ疑わしい」という友人の意見を伝え、そのうえで「仮に記者や新聞社に法的制裁がなんらかの形で期待できるとしても、お二人には迷惑と犠牲が必ず伴うことは覚悟したほうがよいでしょう。個人的には目的の達成は無理と考えます」とバーク自身の見解を添えた。続けて、「今回の出来事は、お二人が生きている時代の卑劣さのなせる業と考えて、慰みとしなければいけません。名誉、友情、大義、思想の尊厳を畏怖することを識っているすべての人々から敬愛されるにふさわしい有徳の人に対する、いわれない中傷の暴力のなせる業、世の中のあらゆる卓越する存在に伴う苦悩と考えて、慰みとしなければなりません」と思慮ある対応を求めてその心構えを説いた。そして「お二人がいたずらに動揺することなく冷静に、あるがままに二人が二人でいる限り、つまり悪意の感情に比すべくもない高尚な在り方を維持し続ける限り、世間は毫も中傷という悪意に動かされることはないでしょう」と助言した。最後に「ご希望である以上、記事掲載のいきさつについて問い合わせをしてみましょう、相手から謝罪を引き出すより、相手に今後の行動に強く配慮を求める通告を出してみたいと思います」と書き、「妻がくれぐれもよろしくとのことです」と結んだ。八月三日、エレナーはバークに手紙を書き、謝意を伝えた。

この出来事の波紋はオズウェストリ、シュルーズベリ、バース、ロンドンに広がり、社交界の格好のゴシップとなったが、さすがにその年の暮れには、噂も人々の口から遠のいていった。「それにしても、『ゼネラル・イーヴニング・ポスト』紙の記事がみせた、エレナー・バトラーとセアラ・パンスンビーはレズビアンであるとも受け取れる嫌がらせは、二人の胸に突き刺さり、その後いつまでも突き刺さったままだった」[*7]。

しかし、貴婦人と同時代人のなかには、この二人を純粋な精神愛を理想的に実現してみせたと受け取ろうとするものも多かった。スランゴスレンの近くに住んで親交があったヘスター・スレイル（後のミセス・ピオツィ）は、一八世紀の名だたる同性愛嫌悪者だったが、その彼女でさえ貴婦人を「美しい気高い世捨人」、「魅力にあふれた田舎人」と称した。エドモンド・バークの善意に満ちた忠告はすでに紹介した。多くの信頼・賛辞・敬愛が二人に寄せられた。それにしても二人の関係の真相はなんだったろう。答はもしかしたら、セアラの一篇の詩に暗示されているのかもしれない。

これまで「低俗な官能愛」と思い込んだまま
「暴君」と呼んでいた、その力強い「愛」よ！
おまえをわけもなく恐れて、気まぐれな想像を巡らし
その歓びを確かめようともしなかった。

最後におまえの鎖に縛られる羽目に陥って、
身が震えるのを覚え、おまえの力の恩沢に浴した、
だが、すぐにわたしの恐れは杞憂であることを知り、
やがて鎖を甘受して、軽いと思うようになった。

セアラ・パンスンビーは「力強い愛」の虜になり、その束縛が「官能愛」を越えた「歓び」であるこ

とを識る。「性愛」と「ロマンティックな友情」を対照させながら、結局後者に一体化することを選択した彼女の立場が鮮明である。

第六章　日誌の中の「狂王」と「革命」

❖ ジョージ三世の病状を憂える

『セント・ジェイムズ・クロニクル』紙に拠ると、国王陛下の容態はこれまでになく悪いらしい。この報道にだれもが驚き、狼狽した。陰鬱なひどく寒い日。手紙書き。読書。オズウェストリから駅馬車が村に到着したのを知って、ロンドンからの乗客に国王の容態を尋ねるため、使用人を使いに出す――生命に別条はないが、ひじょうに悪いらしい。悲しいことこの上なし。

国王の回復を願って、きょう教会で祈りを捧げる。神の御心に届きますように。

国中が国王の病気を心から悲しんでいる。

右は一七八八年一一月一五日、一六日、一七日の日誌抄である。[*1]
エレナーの日頃の政治への関心はこんな風にして日誌に登場する。いや政治というより、国王個人への平素の敬愛の念と言った方がいいだろう。それが日誌にまたひとつ魅力を加える。ジョージ三世（一七三八―一八二〇、在位一七六〇―一八二〇）の六〇年の長い治世の最後の一〇年間は、よく知られているように、「盲目の狂王」に代わる、皇太子による摂政時代（一八一一―二〇）であった。

国王は一七八八年の夏頃から体調を崩していた。腹痛が数日間つづき、チェルトナムの温泉保養地で五週間の療養につとめた。当時国王はウィンザー城を居城にしていたが、城に帰ってからも、体調は思わしくなく、苛立ち、脈拍は早く、引っ切りなしにおしゃべりを続けた。一〇月一六日、雨の中を馬に乗り、激しいひきつけに見舞われた。ただ事とは思われず、周囲が気遣ううち、国王は望遠鏡でハノーヴァーが見える、ロンドンを洪水から救っている、聞くに耐えぬ卑猥な言葉を発するなど、精神錯乱の明白な兆候がみられるようになった。一一月五日、ウィンザー城で晩餐会の席上、王は突然同席していた皇太子に襲いかかり、その頭を激しく壁に打ちつけた。王は支離滅裂なことをとめどなく口走り、泡を吹き、眼球は充血してまるでカランツ・ゼリーのようにどす黒かった。王はウィンザー城からキュー宮殿に移され、フランシィス・ウィリス博士を中心にした医師団の治療を受けることになった。拘束衣を着せられたり、ベッドに縛り付けたりする荒治療も行われたらしい。

こうした国王を巡る憂慮さるべき状況を背景に、エレナーの冒頭に掲げた一一月一五日から一七日の日誌が書かれたのだった。速報ともいえる情報がバースのヘンリエッタ・バウドラーほかからプラース・ネウィズに届いた。エレナーは時々刻々最新ニュースに接することが可能だった。以後、日誌はそれまでの訪問と来客などの身辺雑記とともに、首都の政情をまじえた国王の病状が多く語られる。ことに間欠的に襲う「錯乱」が最初の小康状態をえる頃の一七八九年の春までは、国王の病状と安否がもっぱら記録されることになる。

一一月二七日（木曜日）――国王陛下の容態、回復も救済も見込みほとんどなし。心神喪失ますます悪化、慢性化、報道も憚かれるほどの有り様という。（中略）皇太子は医師団の要請書のすべてに署名を続けている。

一二月三日（水曜日）――チェスターのハント夫人から火曜日二日付の手紙が届く。「気の毒な国王と露見した病症についてはすでに逐一ご存知のことと存じます。もっとも聞き及んだ所では、ごく側近の者以外だれも王に会ってはいないとのことですが。生命の危険はないこと、同時に知力の回復の見込みも零という点で、話はすべて一致しています。人知をはるかに越える今後の出来事に関して明言することは困難と思います。チェルトナムの鉱泉水が陛下の瘰癧を再発させ、おそらくそのために精神に危険が及んだのではなかろうかと信じます。国王がチェルトナムからご帰還の後の『朝見の儀』に欠かさず出席している将官から聞いた話ですけれど、王が側近に話すことはなんとも理解しかねる愚かしさで常軌を逸しているとのことです。前回のときはたった六分間しか姿をお見せになりませんでしたが、白痴そっくりで、だれとも口を利かず、啞然としてしまうほど異常な姿で、朝見の間から退出していきました」。

一二月四日（木曜日）――国王の熱はほとんどないか、全くないかの状態です。完璧に正常であるかと思えば、むやみに暴力的になったりもします。住まいをバッキンガム・ハウスに移したいと思っても、暴れるのが激しいため断念したとのこと――『セント・ジェイムズ・クロニクル』。先週の日曜日、一一月三〇日、王は五時半にキューにご到着。これで王の精神・肉体の諸機能は死んだのではなく、眠っているだけのことと大きな望みをもつ。

一二月一一日（木曜日）――「ハンド亭」のエドワーズ氏が昨夜王の使者が宿に泊まったと知らせにきてくれた。月曜日の夜、ロンドンを出てきたとのこと。先週の日曜日、国王は終日大荒れに荒れた。月曜日はおとなしく、落ち着いた容態。（中略）村の司祭はなぜ国王のための祈りをこの二週間しないのだろうか？「祈りは善事、国王は善人。中風にでも罹っているのだろうか？弟君が王位を継がないのだろうか？　皇太子は粗野な人だ」こういう素朴な人達の政治感覚がわたしは気に入っている。

一二月一三日（土曜日）――哀れな国王の知らせは悪くなる一方。お住まいを好きだった場所から別な場所に移してからまた悪くなった。王を敬愛するならば、極楽においでになるような幸せを願わなくてはならないのに。ピット氏の要請で診察をしたアディングトン医師は、ぜひ王妃にお会いになってください、と懇願したが、説得はかなわなかった。自然回復の可能性はないというのが医師の判断。

一二月一五日（月曜日）――哀れな国王に急速な回復はありえないだろうが、診察をした医師は、かならず回復に向かうと断言。

一二月一八日（木曜日）――国王はめだって快方に向かっているわけではないが、穏当な治療のウィリス博士が主治医になって、気分的にずっと明るくなった。医療関係者はだれもがいずれ王は全快すると確信しているようである――ヘンリエッタ・バウドラーの手紙。

一二月二九日（月曜日）――哀れな王は相変わらずひどく凶暴である。時にはきわめて元気そのものに見えることもある。もっとも落胆の甚だしい者ですら、今では国王はいずれ回復すると思っている。

こんな風にして一七八八年は終わった。

❖国王の健康回復

年が明けて一七八九年、いうまでもなくフランス革命の年である。国王の健康によいわけはなかった。しかし、夏に勃発する革命前のわずかの時期に、国王は正常を取り戻した。

一月五日（月曜日）――国王の健康はたしかにかなり回復した。今まで回復の望みなしと考えていた医師の一人の意見である。

一月一七日（土曜日）――バースのミス・ヘンリエッタ・バウドラーから一三日付の手紙あり。「国王はウィリス博士に『わたしを狂っていると思うかね？』と訊いた。『ときどき譫妄状態に陥るのです』、『しかし、原因は？』、『国民の幸福を願うあまりの緊張、過度の睡眠不足、過度の自制とその実行のせいです』、『なるほど、その通りだ。話はすべて信じることにしよう』。それから王は食べたいものが食べられないと不満をもらした。『どういうことですか？ この王国で手に入れることができるものなら、何なりと召し上がれるはずですが』とウィリスが言った。『ほんとかね？ならば馬鈴薯をそえたビーフを食べさせてくれないか』。そこで王の食事が用意されたが、出されたものはスプーンで食べられるように挽き肉状にしたビーフだった、とても危なくてナイフを使わせるわけにはいかなかったのだ」。

二月二一日（土曜日）――ミス・バウドラーから一六日付の手紙――「一一日の水曜日にリュック氏が上京の途中にキューに立ち寄って、妻宛の手紙に次のように書いた――国王は心身ともに完全に回復、病いの症状、跡形もなし。ただ体力は未だし。これも大したことなく、キューとリッチモンド・ガーデンズを一度に三、四時間も散歩しておられる。医師団の報告も以前よりましだが、まだこれで十分とは言いかねる。〔中略〕国王はお元気。火曜日は終日完全に正気、昨日も同じ。〔中略〕いまはただ気晴らしと静養が必要なだけ。それに完全回復にとって耳寄りなのは、現在満月だというのに元気でいること、病気であれば、満月と新月にいつも容態が悪化したのだから」。

二月二六日（木曜日）——バースのミス・バウドラーから届いた二四日付の手紙に、ウィンザーのリュック夫人からの二二日付手紙が同封されていた。それによると、先週金曜日の二二日〔原文のママ〕に、大法官は国王と一対一で二時間会見をして、病気になってから起こったことのあらましを〔ただしご乱行は避けて〕話し合ったという。大法官の報告では、王はこれまでになく頭脳明晰、物静かな落ち着いたご様子だった、その上、会見の後、八時間もぐっすりお休みになったという。

三月二六日（木曜日）——最高にかぐわしい素晴らしい日、柔らかな綿毛のような雪が舞う、日差しはある、自然が微笑み、鳥が軽やかに歌う。村の鐘が鳴る。羊の丸焼きを注文すると、村人が歓声をあげる。国王のめでたい健康回復を祝してあかあかと篝火が燃える。

四月三日（金曜日）——「ハンド亭」のエドワーズ氏の牛が双子の仔牛を産む。ペングワーン・ホールの農家で二頭の牛が双子の仔牛を産む。幸多い一年の前触れ、とくに王の健康回復の証として歓迎される。この静かな川谷の忠誠な村人は、この島国に神が恵まれた特別の摂理として歓迎している。

五月一四日（木曜日）——国王は確実に体調も体力も精神も、ウィリス博士が期待した以上に、期待できなかったくらいに回復したという。〔中略〕国王はウェイマスへ出掛ける。シェインズ城から一〇マイルと離れない場所にあって、ミセス・オニールによって建てられた美しい別荘である。湖に面して立ち、岩山と断崖に守られた、船か騾馬でしか近づくことができない居館である。

こうしてジョージ国王の健康を気遣う記述は終わる。

国中が祝賀の意に満ち満ちて、イギリス南部の国王巡行の旅は行く先々で大歓迎を受ける。ウェイマスでは村人が凱旋門を作り、海で泳ぐ王に楽団が国歌を演奏して、祝意を表した。四月二三日には、国王自らセント・ポール大聖堂で感謝のミサを捧げた。

しかし、国王にとっては気の休む間もなく、フランス革命がもうすぐそこまで迫っていた。それまでのほんのわずかな間、日誌にはかつての牧歌的叙情が社交の記録とともに復活する。

ジョージ三世は、その後一八〇一年に同様な発作を起こした。そして最後の発病は一八一〇年、七二歳の時だった。再発後も最初のうちは正気の瞬間があったが、ロンドンが洪水だからデンマークに避難するとか、レディ・ペンブルックと秘密結婚をしているとか、死者を呼び出して会話ができるなど、あらぬことを口走るようになった。この年、懸案の『摂政法』が成立、翌一一年、イギリスは摂政政治の時代に入った。

一八一八年、王妃がこの世を去ると、ヨーク公が後見の任についた。王は視力を失い、聴力も次第に衰えた。ウィンザー城の中を、長い白い髭を胸まで伸ばし、古い紫色のガウン姿で徘徊した。昔ヘンデルが所有していたというハープシコードを叩き鳴らしながら、指をふと止めては、これは父王の愛された曲なのだ、と従者に話して聞かせたという。[*2]

国王の疾病はついに狂気と判断された。しかし、フロイドの精神分析が登場すると、強度の性的抑圧とみなす歴史家も現れた。母親に対してエディプス・コンプレックスをもっていた、醜女の王妃に忠実

ウィンザー城の「狂王」ことジョージ三世（1738-1820；在位 1760-20)。

でありつづけたことが性的抑圧につながった、はては一七五七年のハナ・ライトフットとの秘密結婚に罪悪感をもちつづけたことなどが指摘された。また王座が過重なストレスを引き起こしたが、その決定的要因としてはアメリカ植民地の喪失が心的外傷として作用した、なども考えられた。

現代では血液の遺伝病の一種であるポルフィリン症であると確定されている。この疾患が解明されたのは一九三〇年代に入ってからであり、ポルフィリン代謝の異常により発病し、血液中に赤色素が生じる。これが度を過ぎると、尿が変色、脚のむくみ、眼球の充血、脳を含む全神経組織が毒される病気である。

❖ フランス革命の記録

日誌にフランス革命に関する文言が見つかるのは、一七八九年七月一三日（月曜日）である。バースのミス・バウドラーから届いた手紙（一一日付）を再録する形で、「パレ・ロワイヤルは暴動、殺人など、あらゆる恐怖の舞台と化しています。国王は公然と侮辱され、スイス人部隊の出動を要請しました。激昂する民衆の前ではあまりたいした援軍にはならないでしょう」と記した。この手紙は、ミス・バウドラーが彼女なりに捉えた革命間近い緊迫したパリの空気を友人に伝えようとした文面であった。

幅広い歴史的時間と空間が堆積した結果、招来されたのがフランス革命であるならば、いずれの時点、いずれの地点における出来事をもって、革命の勃発とすべきか、きわめて困難と言わざるをえないが、ごく常識的にバスティーユ監獄が襲撃された日、七月一四日とするならば、右に引いた日誌をエレナーが記したのは、まさに革命前夜であった。

都市部だけでなく、むしろ農村部で、封建特権が日常的に最も顕在化して、農民との間に険悪きわまりない空気を生んでいた農村部において、この年の春頃から、貴族の城館を襲い、食料を奪うなどの暴動が頻発、拡大していた。領主による滞納地代の強制回収、農民の負担による土地台帳の改編、領主に操られた強盗団の農民襲撃の噂、前年の穀物不作によるパンなどの主要食糧品の高騰、飢饉の恐怖などが手伝って、各地で騒乱が起こった（カンブレでもパン屋が襲われた）。「高等法院評定官ブルゴンの住居に侵入し、家具を壊した。屋根裏で小麦二袋、小麦粉三袋が見つかった。高等法院評定官タルベールのところも襲われたが、なにも見つからなかった。評定官ブクランの屋敷ではたくさんの小麦が見つかった[*3]」（一七八九年三月三〇日―四月三日）。

一七八九年五月五日、全国三部会がヴェルサイユ宮殿でようやく開催された。これを発端に第三身分議員は憲法制定を主張して分離、これに一部の聖職者議員も加わって、六月一七日には「国民議会」を宣言、ついで七月に入ると「憲法制定議会」であることを明確に宣言した。こうした急展開をつづける情勢のなか、ルイ一六世はまず国民議会の討議無効を唱えるなど、対立は険しさを増し、六月二〇日には王は第三身分の議場を閉鎖する強腰に出た。議員たちはジュ・ド・ポム（球戯場）に移動して、「憲法が制定され、かつ堅固な基礎のうえに確立されるまでは議会を解散せず、状況に応じていかなる場所でも集会を開く」ことを誓った、いわゆる歴史上名高い「テニス・コートの誓い」が行われた。国王はヴェルサイユの周辺にスイス人部隊を集結させた。しかし、軍務につくことを拒否するなど、軍隊は王にとってもはやあまり当てにできる組織ではなくなっていた。武器弾薬を放棄して、パレ・ロワイヤルにかけつけ、群衆から喝采を浴びる兵士すらあった。王はパリ地区にスイス人部隊をふくむ軍隊の強化を図った。これがまたパレ・ロワイヤルの憤激をかい、デモ騒ぎを誘発することとなった。

ミス・バウドラーの手紙は一一日付だから、そこまでのパリ情勢のごくごく一部を伝えたに過ぎない。

風雲急を告げるのはむしろ翌一二日（日曜日）以降である。財務長官ネッケルの罷免が報じられると、無名の一弁護士がパレ・ロワイヤルの中庭でアジ演説を行い、群衆の蜂起を訴えた。市内各所でデモがあり、チュイルリー庭園では群衆の中に死傷者が出た。一三日にはパリ市門の多くで放火が行われ、サン・ラザール修道院が退蔵していたといわれる穀物が略奪された。武器を求める群衆は王室武具保管所から旧式で使い物にならない武器を略奪した。

そして一四日。四万ないし五万の群衆がアンヴァリッド前に集合、武器を要求した。一〇時過ぎには三万から四万挺の銃、一二門の大砲などを獲得することに成功した。バスティーユ要塞には弾薬が大量に貯蔵されているという噂が流れる。群衆と守備兵の小競り合いが繰り返されるうち、午後五時頃には遂にバスティーユが降伏した。

エレナーの日誌に戻ろう。革命の記事は四カ月振りに一一月二七日（金曜日）の日誌に見つかる。そこには一〇月上旬に起こった「パリ民衆のヴェルサイユへの行進」前後の世情が詳しく記録された。一日の記録としては最長である。それ以後、フランス革命についての記述はぷっつり途切れる。革命に揺れるルイ一六世の安否について重大な関心を寄せていただろうが、処刑という最悪の事態に帰結したことによって、政治的には保守的心情であったエレナーは、苛酷な現実を記録する気持ちになれなかったと思われる。

仮にこの保守性——ジョージ国王についてもみせた——に代わって、急進性がエレナーの心情だとしたら、二人に注がれる世間の目はまるで違っていただろう。実際に行われたとは別種のはるかに厳しい非難の絶え間ない標的になっただろう。ましてやセアラが国王から年金を下賜される名誉など考えられもしなかっただろう。

一一月二七日、エレナーは、スランゴスレンの「ライアン亭」にジャルナック侯爵が投宿したことを知って、プラース・ネウィズに招じて、パリの情報を聞きそれを日誌に再録した。侯爵は、六日国王がパリ民衆の虜囚となったとき、その現場に居合わせたという。彼はオーニス、ポワトゥー、サントンジュ各州の国王軍の総指揮官であった。ジャルナック侯が国王側の人物であることを考えれば、いやこういう場合、どちら側の人物であろうと、話の中身について客観性を期待するのはなかなか困難なのが一般だが、今の場合にもこれは当てはまる。デモ隊を「反逆者」、「悪魔の手先」などと呼ぶことに侯爵の立場がおのずから歴然としている。同時にエレナーの立場も明白である。

だが、一一月二七日、日誌に残された国王一家の動静は、やはり実録として貴重であろう。ここに長くはなるが、抄訳のかたちで引用したい。[*4]

事の起こりは、悪質な噂だった。パリには小麦も小麦粉もしたがってパンもなくなる、という噂が流れたのだった。翌朝、市内の魚売り女や下級娼婦が、全員手に手に鋭い大釘を先端に打ち付けた棍棒をかざして集合、二列になってヴェルサイユに行進をした。デモ隊は二門の大砲を曳き、出会う女性ひとりひとりに参加を強要した。その後に尖った長釘をつけた重い棍棒を三角形に組んで武器にした六百人の野盗軍団が続き、さらに一六門の大砲で装備した、ラ・ファイエット侯〔国民衛兵隊総司令官、一七五七―一八三四――引用者注〕の率いるおよそ二万二千の国民軍が続いた。行進は朝九時にパリを出発、一二マイル離れたヴェルサイユに夜八時にすべてが到着した。最初に激昂したのは、宮殿に入場を求めた魚売りの女たちだった。国王を前にパンをよこせ、といつもに変わらずまくし立てた。王はパンを与えるべく命令を出した。デモ隊はいったんその場を引き下がり、国民会議へ向かうと、男性の代表者の面会を要求した。再び宮殿に赴き、強引に入場を試みるが、近衛兵がこれを許さず、発砲、すると悪魔の手先の連中はデ・ヴァランクール氏とド・ローネー氏

〔両人とも王室親衛隊の守備隊長――引用者注〕を捕らえ首をはね、パリに送った。（中略）そうこうするうち、野盗軍団が到着、ただちに町中に分散、配置についた。八時、六門の野砲がラ・ファイエット侯と二万二千の軍勢が到着したことを告げた。直ちに侯爵は国王に会見を求め、これが認められると、悲痛な表情で、このような形で会見するのははなはだしい痛恨事であるが、しかし、今の任務を怠ることは自分が縛り首になる事ゆえいたしかたないことだったと釈明し、国民軍の代表として、国王閣下にはぜひとも王妃ともども、われら忠誠・忠実な臣下の庇護の下に身を委ねるよう、そして結局はフランス国民に対する謀反人でしかない近衛兵を解雇するよう、要請をした。この惨憺たる情勢の中で王はこれに同意した。そこでラ・ファイエット氏は宮殿の全並木道に護衛兵を配備し、国王一家の身の安全を約束した。（中略）王妃付きの馬丁が控えの間で徹夜の警備にあたった。朝五時、六百人の野盗が宮殿に殺到、たまたま一部屋にいた一六人の警備兵を殺害、まるで悪魔集団のように王妃の寝室を捜し回った。馬丁はただちに王妃の部屋を叩き、危険を知らせると、国王の寝室にお逃げくださいと告げた。王妃はペチコート一枚を着て、ストッキングと靴を履くのがやっとだった。それ以外は身につける余裕もなかった。侵入者たちが近づくのを聞くと、王妃は侍女たちの部屋へ駆け込み、部屋着を羽織って、「国王の間」へ走った。施錠された部屋はすぐに開けられた。国王夫妻は「皇太子の間」へ行き、皇太子とその妹を抱きかかえて部屋から出て来た。そこに居合わせたラ・ファイエット侯は仰天した。四万を越える軍隊、女たち、野盗が宮殿の周囲に蝟集して、窓という窓に向かって銃を撃ち、国王一家に窓のところに姿を見せろと要求していた。国王たちがバルコニーに現れた。すこし経って奥へ引っ込んだ。すると暴徒は王妃にバルコニーに出て来い、それも独りでだ、とすさまじく騒ぎ立てた。王妃は、だれもがその意図を推し量りかねているうちに、いとも落ち着き払ってこの反逆者の腕をつかんで、「さあ、一緒に」と言って、先に立ってバルコニーに出た。王妃の姿を見て、群衆の喝采が起こり、あとは王妃を退場させた。少しすると、新しい要求が出され、宮廷はヴェルサイユ宮殿を放棄して、われらとともにパリに住めと迫った。国王一家にはこれを退ける力はもはやなかった。合意する。群衆は厩舎に走り、たちまち八人乗りの儀礼用大型馬車に馬をつけた。（中略）群衆は国王一家をチュイルリー宮殿ではなく、市役所に連れて行った。このとき忠臣はだれもが国王夫妻が殺害されるのではないかと心配した。国王一家が市役所に入ると、しきたりに従って、市長が市の鍵を手渡した。これは茶番である。

❖「ヴァレンヌ逃亡未遂事件」

この後、国王一家は急遽内装の整えられたチュイルリー宮殿に移り、長かった屈辱の一〇月六日が終わった。国王の一行を宮殿で迎えたのが、ジャルナック侯爵とその弟シャボ公爵であった。二人は正面玄関の大階段に立ち、国王一家の到着を出迎えた。「王妃は二人の姿を見るとわっと泣き出した。しかし、まわりは反逆者だらけ、宮殿内部の使用人もすべて国民党のメンバーであったから、うかつにものも言えなかった。王妃の御者は、こんなことならいっそ馬車をサン・シールに向けてしまえばよかった、と呟いたという」。

こうして、国王はパリ民衆の虜囚となった。そしてこの後一〇月一九日に大司教館に、さらに一一月九日に最終的にチュイルリー宮殿に近いマネージュ（調馬場）に移った。

一七九一年六月二〇日の「ヴァレンヌ逃亡未遂事件」、つまり革命史のひとつの山場となった「国王一家のパリ脱出事件」については日誌になんの記録もない。記録どころか日誌そのものもかつての充実した記述から離れて、散発・断片的でほとんど日誌の態をなしていない。またエレナー・バトラーが九〇年代はじめに知人・友人と取り交わした書簡も相当数に上ると考えられるが、ほとんど現存しない。これ以上ルイ一六世と王妃マリー・アントワネットの惨状と屈辱を上塗りするような記録を、日誌にせよ手紙にせよ、残すに忍びなかったのだろう。そんななかで、ロバート・ステュワート（後の初代ロンドンデリ侯爵）から受け取った一通の書簡（一七九一年六〇月二五日）が現存する。[*5]

それによると、手紙の送り主は、以前スランゴスレンにエレナーとセアラを訪問したとき、二人が「異常な事件である」フランス革命にいかにも強い関心をもっていると思われたので、と前置きをしながら、この事件を以下のように伝えた。

この手紙がお手元に届くまでもなく、当然のことですが、国王、王妃、ドーファンの逃亡のニュースはすでにご存じと思います。ここではそれが事実であるとだけ申し上げておきます。どのようにして脱出が可能であったか、ことが首尾よく運んだ経緯、いずこへ行こうとしたのか、などまだ不明です。情報収集のため、ガウワー卿〔ジョージ・グランヴィル、後のスタフォード侯爵またサザランド公爵――引用者注〕の使者がようやく木曜日早朝パリを出立しました。国王の一行は火曜日の午前二時にチュイルリー宮殿から脱出、翌水曜日八時に国王一家が行方不明になっていることが判明しました。一二時に国民会議が開かれ、ラ・ファイエットを審問し、パリ全市に禁足令が出されました。そのためイギリスの密者は、右に記した時までパリに足止めを食うことになりました。（中略）明日、温泉町バースへ出掛けますが、貴族社交界の最新情報を手に入れ、あわせて中心人物に会うことができましょう。すばらしき隠棲の御地、四季折々、天候の変化もさぞかし魅惑的なことでしょう。しかし、昨今のますます不幸なますます不興な状況はまことただならぬ痛恨事です。アイルランド・ウィッグ党はフランス革命の祝賀を準備しております。まことに理不尽なことで、皇太子に摂政の任を与えるのと同断です。万一今回の騒擾が国からの小生の追放にでもなれば、その折りは誠に勝手ながら、ディナス・ブランの古城を再建、お二人の隣人になりたく存じます。

この記述の客観性を逐一検証する紙幅はない。じつは、国王一家の不在が判明したのは、二一日火曜日の午前七時頃で、右の記述とほぼ丸一日の違いが認められる。脱出の手引きをしたのは、スウェーデンの貴族アクセル・デ・フェルセンで、王妃の愛人とされた人物である。ルイ一六世はフランス北東部国境に待機する国王軍を頼りに、革命勢力に対抗する計画だった。二一日深夜、国王は従僕に変装して王妃らとバーリン型四輪箱馬車でチュイルリー宮殿の脱出に成功。しかし、二百キロ離れたヴァレンヌの町で竜騎兵・軽騎兵部隊の護衛もえられぬまま、「道を跨いで建っているサン・ジャング教会のアーチの下で、遮蔽物に妨げられて（馬車が）動けなくなって」[*6]いるところを発見され、計画はあえなく挫折した。二一日から二二日にかけての深夜のことであった。

このときから、一七九三年一月二一日（共和暦一年雨月）午前一〇時二二分、革命広場の断頭台で処刑されるまで、国王の余命は一年七カ月あまりであった（マリー・アントワネットが三八歳で断頭台の露と消えたのは同年一〇月一六日のことであった）。

一月二三日、ルイ十六世の処刑のニュースは「雷光のような衝撃をもって、イギリスに伝播した。王室と議会はともに喪に服し、劇場は閉鎖され、首相ウィリアム・ピット（一七五九―一八〇六）は、この事件を『大それた、忌まわしい』犯罪として非難した」。日誌にはルイ国王夫妻の死についてはついに一言の言及もない。

第七章　文学の中のプラース・ネウィズ

❖ 詩人ワーズワスのソネットの献呈

一八二四年九月、詩人ウィリアム・ワーズワスはスランゴスレンに二人の貴婦人を訪問した。正確には二日ではなかったかと思われる。妻メアリと娘ドーラ（一八〇四―四七）、それに友人のロバート・ジョーンズと一緒だった。そのときの記録はエレナーの日誌に残されていない。残されていないというより、日誌は、八〇歳を越えたという高齢、なかでも視力の衰えのために、一八二一年一二月二六日（八二歳）で終わっているのだから、記録はなくて当たり前だった。その翌年の二月、エレナーは白内障の手術を受けて、水晶体の混濁部を切除した。結果は期待されたほどではなく、もう一方の目にも混濁が認められるようになり、「不眠に悩まされる耐え難い苦痛の惨憺たる日々」[*1]が続いた。六月、二匹の蛭をこめかみにあてがう治療がなされた。七月、二回目の手術が施されて、ようやく医師から回復の見込み大なりの診断が得られた。エレナーは太い羽ペンに代え、濃いインクを用いて日誌を綴ったが、筆跡は次第に判読しがたくなるばかりであった。

訪問した詩人の側の記録もきわめて乏しい。詩人と妹ドロシーがそれぞれ友人に送った一通ずつの手紙があるだけである。しかし、幸いなことに、詩人は貴婦人に敬愛と称賛をこめたソネットを、『レディ・エレナー・バトラーと高貴なミス・パンスンビーに捧げる一首。スランゴスレン、プラース・ネウィズの庭で詠む』と題したソネットを献呈した。それはある意味で日誌や手紙以上の記録と言えるかもしれない。

一筋の細流が「瞑想の渓谷」を流れて
あなた方の好きなディー川と落ち合う、
自然の素顔に安らぎの表情を見つけた嬉しさに
かの猛々しいブリトン人がそう名づけた谷間、
あるいは、たまたま敬虔な世捨人が
終いの棲家——神の国の平安に満たされた地に選んだ谷間、
かの世捨人あってこそ、荒涼たる人里離れた場所に
いまなおその聖なる名が息づく。
この場所を「友情の渓谷」、ウェールズ語で「グリン・カヴァイルガーロッホ」、
英語で「ヴェイル・オヴ・フレンドシップ」と命名しよう、
屋根低い田舎家に忠誠を誓い、ディーヴァ川のほとりを
永遠の住処となし、相愛の姉妹のごとく暮らす、
その愛はこの地上にあってなお
時の涯を越えて高みに上ることを許された。

このソネットには「一八二四年九月二日」と付記がある。ワーズワスはこれを翌日の三日に、スランゴスレンから北に一五キロほど離れた町、リシンからプラース・ネウィズに送った。ワーズワスの一行は北ウェールズの旅の途中、かねてからその名声を聞いていた二人を訪問したのだった。それは表敬の訪問であったろうし、多少の好奇心も働いていただろう。だが、最大の動機は、僻地に理想的に隠棲する貴婦人たちにある種の憧憬を覚えたことにあるのではなかろうか。フランス革命への熱い共感と平和・静寂への希求のはざまを彷徨しつづけながらも、究極的には「隠棲する詩人」[*2]であったワーズワスが晩年に近くになって、完全な調和と自由を享受しつつ、隠棲する二人の貴婦人に関心を寄せたとしてもなんの不思議もなかったといえよう。

それに、もう少し現実的な勘ぐりを加えれば、ちょうどこの頃、エレナーと同じように視力の衰えを感じ始めていた詩人が、「同病相憐れむ」心情から見舞いを考えついたのかも知れない。ワーズワスの詩作は一八二〇年代に入ると急激に減少した。視力の衰えは、全部の説明にはならないが、そのことと無関係とは言い切れない。「読書はほとんどあきらめなければならなくなり、毎日を屋外で過ごした。ライダル・マウントの広い敷地にはテラス状の散歩道があって、そこからライダル・ウォーターとラックギッグの険しい山頂が見渡せた。それが詩人の大きな喜びだった」と伝記の著者G・M・ハーパーは書いている[*3]。

ワーズワスとともに二人の貴婦人を訪問したロバート・ジョーンズは、詩人の終生の友である。ジョーンズは北ウェールズのリシンの町に近いプラース＝イン＝スラン村出身で、ケンブリッジ大学、セント・ジョンズ・カレッジの学友だった。ワーズワスは生涯に幾度となくこの北ウェールズの友を訪ね、ときにはスノードン山塊の山歩きに誘ったりもした。詩人は、まるで生きる力を回復するためであるかのように、この友との時間の共有を希求した。その最初の友情の証となったのが、よく知られているように、一七九〇年（二〇歳）の夏期休暇を利用した、つまり「ケンブリッジでの三回目の夏がわれわれを拘束から自由にしてくれたとき」[*4]の、フランス・スイスを中心に試みられた徒歩旅行だった。

七月一二日、二人はそれぞれ杖一本と二〇ポンドばかりの金を用意して、ドーヴァーからカレーに渡った。それから南へシャロン＝シュール＝ソーヌまでの三五〇マイルを「軍隊の行軍さながらのスピード」[*5]で二週間で踏破した。ソーヌ川を船で下り、リヨンに着いたのが三〇日、さらにローヌ川をサン＝ヴァリエまで下った。シャトルーズ（八月五日）を経て、スイス領に入り、レマン湖の北岸をたどってふたたび仏領シャモニー（一二日）でモンブランの偉容に接する。詩人がアルプスの崇高美に触れて大きな感銘を受けた瞬間である。「僕らは、スイスの最も険しい山岳地帯を越えるときには、一日一三リーグ（三九マイルですよ）を歩くという強行軍を何回もしましたが、それでも疲れといったら、ケンブリッジの雑木林を一時間ほど歩くのとさして変わらないのです」と旅の感銘を妹に伝えた。[*6]シンプロン峠を越えると、イタリア領マジョーレ、コモの両湖を訪れ、ふたたびスイス領に入ってルツェルン湖、コンスタンス湖畔に遊び（九月六日）、ベルンを経てバーゼルに着いた（二一日）。そこからライン川を北上して九月二九日ケルンに到着。さらに二週間をかけてベルギーを横断、ほぼ三カ月ぶりにカレーに戻った。

ワーズワスにとって、この旅のすべてが、当時フランスを満たしていた革命の熱っぽい空気をふくめて、心に染み入る青春の記念碑ともいえる旅であった。詩人はこの大陸旅行を謳って、「一詩人の精神的自叙伝」と銘打った『序曲』の第六巻「ケンブリッジとアルプス」の後半部となした。それればかりか、三年後、同じ旅を主題にした『風景小品集』を出版してジョーンズに捧げた。詩人の妹ドロシーの手記によれば、一八三一年一〇月にライダル・マウントを訪ねたジョーンズは、この四〇年も昔の大陸徒歩旅行を「わが人生における陽光に満ちた黄金の時間」と回想したという。[*7]

ライダル・マウント。詩人ワーズワスが1813年から1850年に没するまでの後半生を過ごした、ライダル湖畔の家。現在、ワーズワス・トラストが管理、記念館として一般に公開されている。

❖ ワーズワスの来訪

一八二四年八月、ワーズワスは妻メアリ（一八〇二年結婚）とすでに二〇歳に成長した娘ドーラを連れて北ウェールズの旅に出た。当時、親友ロバート・ジョーンズはグリン・マヴィルの副牧師の職にあった。ワーズワス一家はジョーンズ宅を訪問、友に旅の同行を申し出た。こうして四人は九月二日、プラース・ネウィズの門を叩いたのだった。

貴婦人と詩人の出会いを、D・グルンバッハは大胆な創作を交えて、以下のような場面に仕上げた。[*8]

世紀が改まってまもなくのこと、と彼女は書く、ある日、二人の貴婦人がディー川の対岸にそびえる古城跡まで散策に出た日のこと、橋上で一人の紳士が追いついて来た。田舎歩きの軽快な服装をした男で、握手を求めながら、「ロンドンのワーズワスという者です。先を歩いているあれが妻と娘で、一緒にいる男が今回オックスフォードシャーからこちらへ隠居して来ましたトマス・ジョーンズ師〔原文のママ〕です。『渓谷の貴婦人』にお目にかかれてこんな光栄なことはありません」と挨拶した。不意をつかれてエレナーはまじまじとその男を見つめていたが、「ひょっとしたらあの詩人のウィリアム・ワーズワス様ですか？」と聞いた。「はい、その通りです」エレナーは帽子の縁に恭しく手をかけて、「こちらこそ光栄です。詩は二人でよく夜などに拝読しております。いかがでしょう、明日昼食に皆様でいらっしゃいませんか？」、「残念ですが、エレナー様、明日は早朝から南へ旅することになっています」、「それでは、今日にしましょう」。こうして四人は庭のいちばん高い樹の下でエレナーとセアラから温かい饗応を受けた。別れ際、ワーズワスはソネットを一編送りましょうと約束した。冒頭に述べたように、翌九月三日、リシンから先に引いたソネットが届いたのだった。

セアラは目の悪いエレナーに読んで聞かせた。「屋根低い田舎家」の件にくると、「人を馬鹿にして。嘘ばっかり！」と怒った。「韻の関係ですよ、きっと。後は『友情の渓谷』にしても『相愛の姉妹』にしても、とても好意的ではありませんか」と言って、エレナーをなだめた。詩人はこの後もいくたびかここを訪れたが、レディ・エレナー・バトラーは頑として会おうとしなかった。

ワーズワス兄妹はそれぞれが、知人のボーモント夫妻にこのときの訪問の印象を次のように手紙にしたためた。妹のドロシーはライダル・マウントからボーモント夫人に宛てて次のような手紙を書いた[*9]（一八二四年九月一八日付）。

お送りした何通かのお手紙は、ドーラから聞いた話をお伝えしたものです。ことにスランゴスレン（ウェールズの地名は綴りがわかりません）の貴婦人方について生き生きと話してくれました。たいへん楽しかった一夕のもてなしのこと、二人をたいそう気に入ったことなどです。

兄ウィリアムはハインドウェル（旧ラドナーシャー州、現パウイス州の村）からボーモント氏に宛てて手紙を書いた[*10]（同年九月二〇日付）。ワーズワスら四人は、もしかしたら四人ではなく、妻と妹だけは、あるいは妹だけは、住まいのあるライダル・マウントへ戻ったかもしれない。そう考えるほうが、妹が手紙に記した場所と日付けを考えると納得がいくのだが、ともかく詩人は、まちがいなくスランゴスレンから翌日「早朝から南へ旅を」つづけて、ただしジョーンズの郷里があるリシン方面へ遠回りをしてウェールズ中部の、妻の兄トマス・ハッチンスンが住む村ハインドウェルを訪ねた。ついでに言えば、この義兄は後に詩人の最初の作品集『全詩集』（一八一五）の編者となった。詩人の旅は一〇月まで続いた。

あの有名な隠者を訪問しました。貴殿と令夫人から忘れられていなければいいのですがと気にしておりました。そのご当人は貴殿ご夫妻をしかと記憶していて、ぜひお二人にその旨お伝えくださいとのことでした。われわれは午後ディー川にかかる水道橋とチャーク城を訪れた後、お茶をごちそうになりながら、夜分二、三時間をご一緒しました。レディ・Eは体調思わしくなく、とくに目が悪く、それでも年齢からすれば驚くほどお元気でした。ミス・Pは見るからに健康そのものでした。次の日、リシンから二人にソネットを送りましたが、以下のようなものです。お屋敷で着想して、大部分その場で作ったものです。

こんなふうに、ワーズワスはすでに紹介したソネットを添えた手紙をボーモントに送った。ワーズワス兄妹それぞれが手紙の受取人にしたボーモント夫妻とは、一言で言えば、詩人のパトロンであり、詩人の最も敬愛する友人であった。サー・ジョージ・ボーモント（一七五三―一八二七）は、エリザベス朝の劇作家、フランシィス・ボーモントの血縁者で、ロンドンの高級邸宅街グロヴナー・スクエアにタウン・ハウスを構え、レスターシャー州にカントリー・ハウスを有する上流人士であった。わずか九歳で第七代男爵位を継ぎ、文学・芸術のよき理解者・庇護者として生涯をつうじてナショナル・ギャラリーの設立に尽力した。かたわらみずからも風景画をよくし、ジョン・コンスタブル、サー・ジョシュア・レノルズなどの友人でもあった。四三歳で政界を引退したあとは、レスター市に近くコロートン・ホールを新築して、パトロンとして文人・画家を招じ、親交を結んだ。

ことにワーズワス一家は、グラスミアの「ダヴ・コテッジ」に住んでいた頃の一八〇三年に、ダーウエント湖畔ケズィックの北のアプルスウェイトにボーモントから土地を贈与されるという破格の好意をうけた。そこはコールリッジが住むグリータ・ホールから五キロしか離れていなかった。ボーモントが二人の詩人が互いに近くに住めるように配慮した結果だった。一八〇六年の秋から一年あまり、詩人はふたたびボーモントの好意により、コロートン・ホールに近い農家で妻、妹とともに静かな田園生活を送った。ワーズワスは一八一三年五月に終の棲家となるライダル・マウントに移るが、その後もいくたびとなくコロートン・ホールを訪れて、その木立の間を逍遥し、あるいは庭園に佇んで、「花壇」、「木立に囲まれたコロートンの屋敷に寄せて」など詩作に耽った。

ワーズワスは、一八一五年『全詩集』（二巻）が出版されると、これをボーモントに献じた。同年二月一日付けライダル・マウントでしたためた献辞において、まず「本書を貴殿に献じるご承諾を賜りましたことに対する小生の謝意をお受け取りください」と始めて、「本書に収められた作品のなかで最良の詩は古典的コロートンの地、貴殿のお屋敷の緑陰で詠まれたものでした」と述懐して、謝辞の一端とした。そして「本作品集が……小生にとり生涯の天恵であるこの友情の永遠の記念碑として生きつづけることを願い希望します」と結んだ。

ボーモントは遺言に、ワーズワスに「毎年の旅費の足しになるように」百ポンドの終身年金を「友情の最後の証に」遺した。ボーモントの死後、詩人は一八三〇年一一月に『黙想の哀歌』をコロートン・ホールの庭で詠んで故人を偲んだ。「この類いまれな技才と多彩な能力は／緑樹多き館にその記録をとどめるであろう／あー、永遠に消えた、一陣の風のように消え去った／吹き抜けるとき無数の木の葉を揺るがす突風のように／土と空気と海と空のこの世界から立ち去った／画家のまなざしが凝視した／感動的なイメージの世界から消え去った」。

ワーズワスの『伝記』の著者G・M・ハーパーはボーモントの影響について、一八〇三年「コールリッジとワーズワスの生活に新しい気配が流れ始めた。それはやがて両人の社会に対する姿勢、ひいてはワーズワスの詩の基調と特質を変化させることになる気配であった。それはサー・ジョージ・ボーモントの保護であった」と書いた。[*11]

これ以後、ウィリアムとドロシーは多数の手紙をボーモント夫妻に書いた。それは『書簡集』(一九三五)に付された書簡一覧をみれば自明で、最初の手紙はウィリアムがグラスミアでボーモント宛てにしたためた一八〇三年一〇月一四日付けの手紙である。一八〇四年ワーズワス兄妹が書いた全三二通の手紙のうち一一通がボーモント夫妻宛であった。同様に一八〇五年は全五二通のうち二四通が同夫妻宛であった。特定の個人に集中した手紙のやり取りが浮き彫りになる。

ワーズワスがプラース・ネウィズを訪問したのは、前にも後にも一八二四年の九月二日だけだった。詩人はその後も幾度か足を運んだが、エレナーは、セアラの現実主義がとりなしを図ったにもかかわらず、頑なに詩人との再会を拒んだ。決して社交性にかけていたとは思われないエレナーにしてはいささか不可解なことといわなければならない。再会が果たされていたなら、どのような交流がさらに実現していただろうか。

❖「リッチフィールドの白鳥」――アナ・シィーウォド

プラース・ネウィズを訪れたあまたの著名人のなかで、アナ・シィーウォドを見逃すことはできない。現在、あまり、いやほとんど注目されることがない女流詩人・著述家だが、「リッチフィールドの白鳥」

として知られた、天賦の才と美貌、魅力的な人柄が生んだ一八世紀英文壇の「華」であった。同時に、それは強い個性の「華」でもあった。

アナ・シィーウォドはイングランド中部ダービーシャー州のイーアムに生まれた。七歳のとき、父トマス・シィーウォドがスタッフォードシャー州のリッチフィールド大聖堂の参事会員となったため同地に引っ越した。アナが終生住むことになる町である。サミュエル・ジョンソンあるいはデイヴィッド・ギャリック誕生の地として有名な土地である。シィーウォドは早熟で、三歳にならぬうちに、ミルトン（一六〇八―七四）の「快活の人」を諳じたという。その才能を最初に認めたのは、この町で知り合ったエラズマス・ダーウィン（一七三一―一八〇二）である。エディンバラ大学で医学を修め、リッチフィールドで開業医を営む文字どおり町の名士だった。名声はジョージ三世の聞くところとなり、国王の侍医に招かれたが、これを固辞した。進化論提唱者としてあまりに有名なチャールズ・ダーウィンの祖父である。

シィーウォドのもっとも初期の作品は同郷出身の名優ギャリックの死を悼む哀歌だった。これがレディ・ミラーの主宰する「バシィーストン・サロン」の競作会で称賛され、地方文壇で「眠っていた、ないしは控えめにしか発揮されないでいたと思われる」[*12]詩才は一躍ロンドン、バースの社交界で注目された。以後一七八〇年代はじめに発表した『キャプテン・クックに寄せる哀歌』、『メージャー・アンドレの死に寄せる追悼の歌』によって女流詩人としての地位を全国的広がりで確かなものとした。薄倖の女性の挫折する愛を描いた『ルイーザ』（一七八四）は当時英米でかなり広く読まれた。かたわら、ようやく女性にも門戸が開かれ始めた『ジェントルマンズ・マガジン』などの総合誌に作品と評論を発表しつづけた。

その間、同郷の名士サミュエル・ジョンソンをはじめ、ジェイムズ・ボズウェル（一七四〇―九五）、

G. ロムニー画《アナ・シィーウォド》, 1786.

ロバート・サウジー、ウォルター・スコット、ピオッツィ夫人ら先輩・後輩をふくめた当時の一流文人の知遇を得た。彼女の歯に衣きせぬ主張はときに世間の非難にあいはしたが、強靭な知性はひるむことなく、あくまで地方性にこだわりながら、文学の普遍性を信じ通したのだった。晩年『回想、E・ダーウィン』(一八〇四)を著すと、『エディンバラ・レヴュー』に酷評されはしたが(結婚を拒んだ彼女が、一度だけ結婚を真剣に考えた相手がE・ダーウィンだったらしいということで物議を醸した)、それは一個人の記録を越えて、一八世紀における一地方文壇の貴重な記録となることができた。

シィーウォドは背の高い美人で、端正な目鼻立ちと生き生きした表情が人目を惹いた。ロムニーの描いた肖像は人形のように大きなぱっちりした目が愛くるしい。六六歳のシィーウォドにはじめて会ったロバート・サウジーは「机に向かって書き物をしていました。……流れるような長い巻き毛の髪形はほんとうに若々しく、目はだれよりも美しく若々しく、心も振る舞いもやはり若やいでいました。暖かみと生気と優しさにあふれていました。巻き毛を別にすれば、年を取っているということを忘れてしまいそうでした。」と印象を綴った。[*13]

シィーウォドの著作は死後、彼女の指示に忠実に従った、ウォルター・スコットの編集によって世に出た(全三巻、一八一〇)。別に、全体の一割にも満たないと言われるが、『アナ・シィーウォド書簡集』(全六巻、一八一一)がある。

シィーウォドの人生の転機となったのは、一七六四年妹セアラが結婚直前にこの世を去ったことだった。妹の許婚だったポーターという男性はジョンソン博士の継子で、許婚に死なれると、じつは最初から心を寄せていたという姉のアナに求婚し、彼女をはなはだしく失望させ、少なからぬ衝撃を与えた。しかし、彼女は九歳年下のオノーラ・スニードに新しい安らぎを見つけることができた。オノーラは幼いときから里子としてシィーウォドの家で養育されていた。少なくともアナにとっては、オノーラは片時も離れることができない妹だった。L・フェダーマンは、このオノーラの存在を「アナの生涯を支配した情熱の対象であり、もしかしたら妄執そのものであっただろう」といい、「ロマンティックな友情」の対象であったとする。[*14]ところが、一七七三年、二一歳のミス・スニードは、アナの厚い友情を裏切るように、アイルランド中部、エッジワースタウン出身のリチャード・ラヴェル・エッジワース（マライア・エッジワースの父、一七四四―一八一八）と結婚してしまった。アナは再度いやしがたい傷を受けた。以後、E・ダーウィンを結婚相手に悩んだらしいことを除いて、どんな結婚の申し込みも拒み、一七八〇年妻と死別した父の面倒をみるかたわら、もっぱら文芸の世界に喜びを求めた。

男性が人間に対して純な混じり気のない愛情をもつことは滅多にないことです。子供は例外ですが。総じて、最も優れた男性ですら、その友情は同性に、愛情は子供に向けられます。愛人や妻には、それ以上に強い秘めやかな愛情と優しい生き生きした友情を注ぐことはありますが、それはいっときのことです。でも、この説明しがたい、このすばらしい、愛という名で呼ばれる感情は、往々にして想像による幻滅に終わることがあります。華々しさのためつい誤って信じてしまう流星みたいなもので、その姿を追って池や流砂に足を入れると、消えてしまい、平安と自由は跡形もなく呑み込まれ、失われるのです。[*15]

アナ・シィーウォドは、生涯を共有することを切望した相手に不意に立ち去られて、男性不信と胸の内の苦しみを、ソネット（一七七三）に託して吐露した。
「愛情がいわれない憎しみにとってかわろうとは！／誓い合った愛が冷たい蔑みに姿を変えようとは！」（ソネットxiii）と裏切りの友を憤りながらも、三〇歳の若さで結核のためこの世を去ったオノーラとの惜別の情を抑えきれない。「ああ、愛しき人よ！　お前のかけがえのない生命の力が／瞬く間に萎んでいく。――侘しい長い夜／あしたになればまたお前のために光が訪れる／その希望もいまはない！――長い人生のあらゆる瞬間を／あの恐ろしいほどの瞬間を／熱い思慕が激しく揺さぶる／お前が軽はずみに選んだ意中の人は／ダンスや歌や芝居が招く場へ姿を消した／消え失せんとする甘美！」（ソネット xxxi）、「さようなら、偽りの友よ！――二人の心通わせる時間に幕が下りる！／心安らぐ表情、陽光の笑みよ、さようなら！／悲しみを消し去る甘美な安らぎ／静かな共感の喜びよ、さようなら！」（ソネット xix）。切実な哀感を伝える「さようなら」が繰り返される。そこには最後の瞬間になお試みられるオノーラの理想化もうかがえる。

同時に「あの見かけ倒しの偽りの人」と、友を奪った男性への非難が綴られる。「その邪険な手練手管によって／おまえとの親交が失われた。おまえのいとおしい笑みが／かき消された。かつてわたしの心を陽気にしてくれたあの笑みが」。「いまなお痛恨事であるおまえの崩れ去った誠実を／責め立てようとする思いの一切がすでに永久に過ぎ去った／共有した楽しい幸福な時間、日々、歳月が過ぎ去ったように／ああ、過去のものとなってしまった！／でもこれからはおまえの薄倖の運命と徒労のうちに費やされた人生と／急ぎ過ぎたおまえの死を長く嘆かなくてはならぬ」（ソネット xxxii）。

❖ シィーウォドとの交遊

アナ・シィーウォドがはじめてスランゴスレンに貴婦人を訪ねたのは一七九五年の夏であった。八月一〇日前後であったろう。すでにエレナーが五六歳、セアラが四〇歳、一方アナは四八歳だった。シィーウォドはスランゴスレンに近いディンブレンに友人ロバーツ牧師夫妻を訪れ九日間滞在中に、すでに貴婦人と交際があったロバーツ夫妻からプラース・ネウィズの話を聞くことになった。もちろんシィーウォドにとって初耳ではなかったが、あらためて関心を強くし、貴婦人を訪問したのだった。このときシィーウォドは、かつてはみずからも女同士の友情を夢見たことがある者として、ひそかに強い格別な関心を抱いたにちがいない。

ミス・シィーウォドはその訪問記を幾人かの知人宛てに書き送った。最初の手紙は友人のミス・ウィングフィールドに宛てた八月一四日付（ディンブレン発）のものだが、ただスランゴスレンの風光明媚なことを伝えているのみである。「期待以上でした。自然美に対して高望みをしていた私だったのですが。郷里のダービーシャー州の最高の景色と似ているのですが、ここにはかないません。スランゴスレンの方がずっと豊かなのです」。

貴婦人についてはじめて言及するのは、九月七日付のかなり長文の手紙で、宛名はリッチフィールドのヘンリー・ホワイト師、発信地はウェールズ西海岸の港町バーマスであった。

手紙は「あの著名なスランゴスレンの渓谷の貴婦人」から「三回直々の招待」を受け、お茶を楽しんだこと、ことに、川向こうのヴァレ・クルーシス修道院の廃墟で、貴婦人の友人オームズビー夫人が主催した「田園の晩餐」が圧巻だったことなどを綴っている。修道院や城の廃墟に客人を招じ、宴を催すという趣向はにわかに信じがたいことのように思われるが、接客の舞台としてこれほどロマンティックな場所もそうないであろう。

「一行は大人数で三台の遊覧用軽装馬車と二台のフェートン型馬車に分乗して会場に向かった」。「雄大、静寂、崇高、感動を呼ぶ」修道院の遺跡から受けた強烈な印象、「廃墟の真近に聳える緑濃い高峰がもたらす深い安息が、蔦のからむ迫持ちと崩落した柱とともに奏でる見事な調和」に心奪われたのであった。「晩餐の宴が終了すると、一行はプラース・ネウィズの屋敷に戻って、天才と雅趣と感興が魔法のように混然一体となった空気のなかで紅茶やコーヒーを楽しんだ」。

プラース・ネウィズを訪問した女流詩人はその住まいも庭も大いに気に入ったようである。しかし一番気に入ったのはそこの住人だった。気に入ったというより、なにかもっと深いある種の感動にも似た思いに囚われたのではないだろうか。みずからの叶わなかったオノーラ・スニードとの友情を、女同士の隠棲を見事に実現して見せたこの二人の貴婦人に重ね合わせながら、不思議な喜びと羨望にみたされていたのではなかったか。

二人の才覚を思わせる英・仏・伊の歴史書、文学書と肖像画に囲まれた居間、重厚な趣きの書斎、優雅な食堂、清潔な台所、そして各部屋に備わる家具調度の数々を、まるで小説家が状況描写を写実によって積み上げていくように書簡の中に精細に描写した。住空間を快適なものにしたいという二人の創意に目を見張っている。多色切り子ガラスの反射を利用した角灯が演出するプリズム効果、窓辺におかれた大型のエオリアン・ハープ（風琴）が風に合わせて奏でる、「その高まり静まり深みある音色」にとくに心惹かれた（このハープはプラース・ネウィズに現存する）。室内のすべてのものが二人が理想を実現させた証と映ったであろう。

屋外も同じことだった。「雑草ひとつ見当たらない、きれいに整備された、希少種・最高種を栽培する、豊かな実りを約束する」菜園と果樹園、「北風に三度晒された雪のように純白に艶光りする」さまざまな器具が並んだバター・チーズの作業所、「大理石のように滑らかな小石」を敷きつめた散歩道、「高い糸杉、いちい、月桂樹、ライラックの仄暗い繁み」。細部の描写もさることながら、特徴的なのは、シィーウォドが繰り返す magic, witchery, fairy-palace, Elysium などの言葉で、プラース・ネウィズを一種の非現実の世界、理想郷として捉えている詩人の眼である。「二エイカー半の荒蕪地に立つかつての一軒の田舎家」はいまや「ニンフ、カリュプソーの棲む庭園に囲まれた妖精宮殿」であった。シィーウォドは九月七日付けの手紙をつづけて、「それでは、ご所望のことと思いますから、これまで記しました数々の不思議を創り出す魔法の杖をもつ、このお屋敷に住む『魅惑者』のことを少しばかりお伝えしましょう」と前置きして、以下のような人物評をしたためる。

レディ・エレナーは中背で、ふくよか《アンボンポワン》というにはいささか肉付きがよすぎます。丸顔、色白で、いかにも健康そうで輝いて見えました。整ったとはいえませんが、熱のこもった視線といい、優しみを湛えた笑みといい、好感のもてる顔立ちの女性です。歴史や文学に関する知識に加えて、この多事多難な時勢に生起するありとあらゆる出来事に関する知識は、まことに豊かで底知れないものがあります。並外れた気力と抜群の記憶力の持ち主でもあります。想像力の産物、なかでも詩歌に対する鑑賞眼は格別で、感受する一切を余人にない熱っぽさで表現するのです。両人はたいていの現代語は読み書きできると聞いております。イタリアの詩人では、ことにダンテの熱烈な賛美者です。

ミス・パンスンビーは同伴者より多少背が高いのですが、別段ほっそりしているというわけではありません。丸いというより面長で、血色はよいのですが、バラ色ではなく、微かに漂う憂色がまた格別な魅力になっています。美しい面立ちでないとしても、じつに優しく女性的な人です。裡に潜む憂愁のせいで、折角の愛くるしいえくぼが陽気な笑みにつながらなくても、かえって優しさが引き立てられ、いっそう人から愛されることに役立っているのです。

ご両人がきっぱり言うには、当地に来たのは一七年前のことで、その間一日以上も家を空けたことは一度もなく、長い夏の日も冬の夜も何週間も雪に閉じ込められても、退屈するとか、若さの盛りで背を向けた、しかし今からでも遅くないあの世界に戻りたいと願ったことなどは決してないそうです。

以上がシィーウォドがはじめて「渓谷の貴婦人」に言及した手紙（一部）だが、当の貴婦人宛てに直接書き送った最初の手紙は、最初の訪問から二カ月ほど後の年九月二七日付、レクサム近郊エムラール発信のエレナー・バトラー宛の手紙である。これは、「アルカディアを思わせる緑陰で受けた寛大な歓待」に対する謝意と今後の厚誼を期待した文面に併せて、社交を中心にした当たり障りのない身辺雑記・近況報告を綴った、そんな書簡である。「スランゴスレンからエムラールまでは思った以上に距離がありました。道中相当の難儀をしました。わたしの気力も陽気もおしまいかと思われるほど、疲れ切ってしまいました。でも、ああ、なんということでしょう、お二人のつつましやかなご厚意と信頼にあふれた友情のすてきな声が今は耳に響いて来ないのを思って、気がふさぐ思いでいます」。

こうした信頼と敬愛を寄せる書信に受領者がどのような返事を出したのか、あるいは出さなかったのか、資料がなく不明だが、シィーウォドがリッチフィールドから次にエレナー・バトラーに送ったかなり長い手紙（一七九五年一二月九日付）を読むと、わずか三カ月くらいのうちに急速に親しみが深まっているのに驚く。実際には頻繁な往来か、さもなければ使用人を介しての連絡の取り合いのようなことが繰り返されたのではないだろうか。

そうでなければ、シィーウォドが「果物の木をあれこれと頂戴」したりはしなかっただろう。「今後わが家の庭の誇りとなりましょう。そしてその成長をかけがえのない友情の証しとして大切に見守るつもりです」と書いた。この果物の庭木について、セアラ・パンスンビー宛の次の手紙（一二月二九日、リッチフィールド発）には、「庭の散策の際には、ブロカス・ベルガモット種の梨の木を必ず見回ってくることにしています。園芸には全くの無知で、成長ぶりがどうなのか判断もつきません。これまでは芝生の艶と生気、花の華やかさに満足して、それに石とがらくたの多い土壌は果物の木の成長に全く不向きだと分かっていましたから、果物の木のことは念頭になかったのです。(中略)でも、わが家の梨の木は総じてたくさんの実をつけて、貧相な土を小馬鹿にして相手にしていないようです。そんなわけで頂戴した梨の木も立派に育ってくれるだろうと思います」と書いた。そしてこの手紙の結びには「今時分クリスマスのご挨拶は時節遅れかも知れません。でも貴女様とレディ・エレナーに捧げる季節の祝意に少しも変わることはありません。この季節を詩聖シェイクスピアは『暁を告げる鳥が一晩じゅう鳴きつづける／妖魔どもも歩き回ることができず、魔女も通力を失う／それほど、その季節は清らかで神聖である』と歌いました。クリスマスの日は六時に起床しました。近所の鶏が元気に競うように時を告げるのを聞いて、この名句を想起して胸の高鳴る喜びを覚えました」といかにも親近感あふれる字句を綴った。[*16] スランゴスレンとリッチフィールドの幸せな交流を彷彿とさせる、文学的香りにみちた文面である。

❖ シィーウォドの文学規範

こんな風にして、三人の女性の間で手紙のやり取りがはじまった。しかし、残念なことに、現存するのは女流詩人の手紙ばかりで、書簡往来の本当の姿は不明である。『アナ・シィーウォド書簡集』(一八一一)から分かるのは、彼女が二人の貴婦人に送った手紙は、すでに紹介した一七九五年九月二七日付けから一八〇五年一〇月三一日付けまでの全二九通である。そのうち一五通がセアラ宛、九通がエレナー宛、残り五通が両人宛である。また書かれた時期をみると、知り合ってすぐの九六、九七、九八年の三年間(一五通)に集中している。

文通が始まると間もなく、シィーウォドは文通相手の二人を『お気に召すまま』に登場する仲のいい従姉妹同士のロザリンドとシーリアになぞらえて、しばしばそう呼んだ。ロザリンドは弟フレディリックに公爵領を簒奪された元バーガンディ公爵の娘で、美しく才気あふれる魅力的な女性。シーリアはフレディリックのひとり娘。父の暴挙を憎み、従姉に同情する心優しい女性。シーリアは、王宮から追放された父を探しにアーデンの森に向かうロザリンドに同行する。二人は変装して危険な放浪の旅に出る。ロザリンドはゼウスのために酒の酌をした美少年ギャニミードに、シーリアはその妹アリーナに変装した。

二人の忠実な使用人メアリ・キャリルが病気になったときにも、容体を案じながら、「オーランドーの従僕のアダムのように忠実で気の優しい使用人を失うことがあれば、ウェールズのアーデンの森にはつかの間では終らない暗雲がたちこめることでしょう。現実のロザリンドとシーリアが住むスランゴスレンの渓谷はアーデンの呼称に恥じない場所です」(一七九七年二月一九日付、リッチフィールド発)と書いた。詩人の素養として当然ながら、古典文学への連想を得意としたシィーウォドにしてみれば、この従姉妹同士の友情の厚さとロザリンドの男装に誘発された連想だったろう。そしてこんなところにも女同士の友情に対するシィーウォドのこだわりがみられる。

シィーウォドがしばしばスランゴスレンを理想郷になぞらえて賛辞を惜しまなかったのは、ひとつには右のようなアーデンの森の連想が働いていたからである。「パンスンビー様とエレナー様、どうぞ、しっかりと胸にとどめおきください。わたくしにとってスランゴスレンが『小さなエーリュシオンの野』にひとしい存在であることを。わたくしの分別と審美眼と感性が、これほど鮮烈で純粋な幸福感を経験できる所はほかにありません」(同年一〇月三〇日)。「文学の楽しみと精神の静けさを求めて、お二人はまだ若いころ国を捨てたのです。そうでもしなければ錯綜したこの世のしがらみから逃れようもなかったからです。そして初心を貫くため、この一九年間守り通してきた忠誠の誓いは、お二人ともそれぞれに生きる力と健康に恵まれて、どのような長期にわたる心労にも悲しみにもあるいは憂鬱にも揺らぐことはありませんでした。そこを小さなエデンの園と心に思い描きました」（一七九八年六月一九日）。シィーウォドは明らかに叶わなかったみずからの憧憬をスランゴスレンに投影し、貴婦人にみずからの夢を託している。じじつ彼女は他国に嫁いで行った実妹同然のオノーラを「わたしの青春の地平線上に輝いていた太陽」（一七九八年六月四日）と言って、過ぎ去った友情の至福を二人に語りもした。

シィーウォドは自らの文学的関心を積極的に語った。それがどのようなものであったか、ここで一瞥しておくことは無駄ではあるまい。三人の交流への理解を深めるためにも。

シィーウォドの書簡には有名無名あまたの文士との交流記録とともに、多数の人物評・作品評が綴られている。それもかなり思い切った大胆なものが目につく。少なくとも非常にはっきりと自分の考えたこと、感じたことを表明することができた女性だった。好き嫌いの激しかった人とも言えよう。しかし、シィーウォドが、プラース・ネウィズの住人と気まずい関係、対立したことは一度もなかったことは断るまでもない。三者の友好関係に罅が入ることは最後までなかった。書簡は建設的な率直な意見交換の場であった。サミュエル・ジョンソンとの対立、三文批評家に対する酷評、英詩の伝統の力説、なかんずくミルトンの重要性、教養に支えられた友情という美徳などについて、機会あるごとに繰り返し語り、あるいは綴った。

ミルトンの「快活な人」を幼少時から諳じていたといわれるシィーウォドは、英詩固有の伝統は、エドマンド・スペンサー（一五五二―九九）、ジョン・ミルトンからそのエネルギーを受け継ぎ、蓄積してきた成果であると信じた。「スペンサー以降わが国に蓄積されてきた多数の詩的天才は他の国がどんなに逆立ちしても及ばないものであることを宗教を信じるように私は信じています」（一七九二年五月二九日付）。ホメロスとシェイクスピアを別にして、ミルトンこそ世界最大の詩人と見なした。なかでも「快活の人」、「沈思の人」、「リシダス」など初期の作品の「瞑想と感情の甘美な発露」は女流詩人の心情に強く訴えて、その快活な旋律は、それ以上に憂愁の旋律は、それが風景描写に託せられたときいっそう強烈に、彼女の詩想を刺激した。前二作は田園に閑居して散策・読書という晴耕雨読の理想生活を描いた一対の英詩で、これがシィーウォドの琴線に触れたことは容易に理解できる。「リシダス」はアイリッシュ海で海難事故のため溺死したケンブリッジ大学時代の学友を悼む詩であるが、これをもってシィーウォドは「詩的感応力の試金石とし、崇高な感情に荘厳な素朴さを融合させ、親愛の情に力強い優しさを融合させた詩的形式と考えた」[*17]。

しかし、時の文壇の大御所、ジョンソン博士は、ミルトンの誇り高い性格と政治的・宗教的信念を嫌い、「リシダス」についてでは、偉大さを認めないわけではなかったが、『英国詩人伝』中の「ミルトン」において「『リシダス』は多大の称賛を与えられた詩の一篇だが、その用語・配列は粗削り、韻も定まらず、韻律の響き快からず」、追悼にかこつけて国教会の堕落、カンタベリー大主教ロードの横暴な教会政治を攻撃する言辞があまりにも強く響くと指摘し、「リシダス」は「故人を悼む真情の発露とはみなしにくい」[*18]と断じた。

シィーウォドは反発した。ジョンソンの下した酷評に接して、彼女は、文学に携わる者の、いわば同業者の妬みと保守的政治心情がこの天才にして共和主義者を過小評価させたのだと考えた。シィーウォドは、ジョンソン個人の強靭な現実感覚にもとづく文学規範は、もともと精妙なミルトン芸術の理解・鑑賞には不向きであるという認識をもつことはできなかった。かわってジョンソンの詭弁が人々を誤らせ、しかもその追随者がものしたがらくた批評こそ、英国詩人に関する正当な評価を混乱させた元凶であると考えたのである。

❖ シィーウォドの献詠

ミス・シィーウォドは「貴婦人」と知り合って間もなく、たぶん一七九六年の春、『スランゴスレンの渓谷』を献詠した。三月二三日付ミス・パンスンビー宛の手紙（リッチフィールド発）に「まこと、気掛かりでなりませんでした。先に、お住まいであるスランゴスレンの渓谷とその聡明な二婦人について詩的神聖化を試みましたが、気に入っていただけたかと気掛かりでした。でも、お褒めにあずかり、うれしく思っています」と書いている。題扉を飾ったのは、女詩人からの依頼によって、セアラが描いたディナス・ブランの山頂を背にしたプラース・ネウィズのヴィネットだった。「お願いしました作品を精力的にしかも素早く完成してくださったことにありったけの感謝を捧げます。貴女様とレディ・エレナーを訪問する名誉と幸運に浴してからまだ日も浅いというのに、たいへんなご厚意に預かったという思いがしきりです」（一七九五年一二月二九日）と書いた。

問題の『スランゴスレンの渓谷』は、はじめてそこを訪問したときに着想されたと思われる。前にも引いた、ミス・ウィングフィールド宛の手紙（一七九五年八月一四日）に詩の内容を示唆する次のような文面が見つかる。「スランゴスレンの渓谷は、過去・現在・未来永劫に、国の自由を獲得するため長い間ヘンリー四世の軍勢に抵抗した『八方破れの猛々しいグレンダウアー』の生誕の地として記憶されるでしょう。ここはウェールズの人々にとってギリシャのテルモピュライの天険になぞらえることができる誇り高い場所なのです。ウェールズの山裾の隘路のひとつこの場所で、グレンダウアーと彼の率いる小軍勢がイギリスの大軍を敗退させたのです。この英雄的行為はここプリンリモンの山麓の岩山の狭間でも繰り返されたのです」。

オウエン・グレンダウアー（一三五九―一四一六）が一五世紀初頭英国王ヘンリー四世に執拗に抵抗したウェールズの支配者・族長であることは周知のことだが、シィーウォドが書いているスランゴスレンが誕生の地であるというのはなにかの間違いだろう。むしろ出生地は不詳というのが正確だろう。テルモピュライの天険はペルシャ戦役中の紀元前四八〇年夏にペルシャ軍がスパルタ軍に大勝を収めたギリシャの戦跡として知られている。またプリンリモンはウェールズ中部の山塊で、「五カ岳」の意味。ウェールズでは三番目に高い山塊で、セヴァーン川の源流でもある。ジョージ・ボローは「プリンリモンは多くの意味で名が知られた山である」と、その『荒涼のウェールズ』（第八七章）で述べ、一〇世紀以来いくたびか戦場となったなかで、「一四〇一年、ここの渓谷のひとつで、グレンダウアーの率いるウェールズ勢とペンブロックシャー州のフラマン人とが衝突した」と記した。「不倶戴天の敵であるウェールズの族長によって家屋敷を強奪・焼き打ちされたことに腹を立てたフラマン人が大挙して決起、グレンダウアーとその兵士をプリンリモンまで駆逐した。いったんは窮地に陥ったウェールズ勢ではあったが、戦闘を放棄せず、最終的な勝利を手にした」。

さて、詩は全二九連から成り、各連六行、弱強五歩格を基調として、ababcc の脚韻を厳格に踏む。冒頭、作者は「緑濃い渓谷」の地霊に誘われるかのように、歴史の過去に思いを馳せる。「自由の情熱に燃えたグレンダウアー」が高慢な無数の英軍勢に抗して、時代を切り開いた歴史の一齣、疫病の女神が「青白い手に黒々した旗をかざして」、疾風のごとくここを襲い、「真夜中の荷馬車が裸死体を満載して」動きまわった悪夢の一時期、「祝祭の夜明けかと思われたリチャード二世の治世」がその頂点で失墜、プランタジネット朝からランカスター朝へ、ヘンリー四世の支配とともにカンブリアの野に山に戦乱の予兆がみなぎる。「見よ、暗鬱な夜の闇のなかを、怒りの炎とともに／猛々しい彗星が尾を曳いて流れ、星たちを驚かす／その星たち悉くが輝きのまなざしを失う／戦いに歓喜する赤い星をのぞいて」。こうしてスランゴスレンの渓谷にも戦場の雄叫びが谺する。そして「戦士の血に染まったディーヴァの流れが／岩山の岸辺を洗い、野を谷を原始の森をぬって／生死を決して蛇行する」。そのときスランゴスレンは「テルモピュライの輝かしい勝利の花輪にふさわしく、不朽の名」を今に残す。

こんな風に地霊に誘われるままに歴史を彷徨した後、詩人は一転して眼前のプラース・ネウィズに詩想を馳せる。

いま渓谷は貞潔な処女の輝きを放つ
その聖なる友情、清らかにして永遠の絆
手厳しい権威の攻撃も効なく
絹のごとき誘いの説得も効なく
高貴な誕生と秀でた才能の比類なき二人は
慎ましやかな自然に憧れ、静かな野と谷の懐に身を寄せる

と謳い、続いて

渓谷に妖精の館が聳え
それを囲むアルカディアの森が花を開く
冷たい青白い冬の荒天から守られ
鬱陶しい時間の熱気からも隔てられて

芝の植わった三日月形にカーブする小径を散策するうちに、名をあげて
文学の慰安と友情の至福の安息にすべてを捧げた

と称える。

やがて詩句は「夕闇の迫るなか、紅の荘重な夕日が／ステンドガラス越しにきらめく黄昏時」のプラース・ネウィズの書斎を、「高い樹木や黝い森」が「深まりゆくベールに覆われてますますいとおしく、翳りのある優美さ」をみせる周囲の風景を、「アイオロスの風琴が薄明の空気を震わせて、風に和して奏でる妙なる調べ」など陶然たる趣向の詩行が続く。

そして最終部にいたって、「この高貴な出生の二人」は邪まな思いにも偏狭と嫉妬にも染まることなく、その博学と天賦の才と慈悲と憐憫によって、「人々から最大級の敬愛を寄せられた」と謳い、

時間を翼に乗せることができるこんな二人には、
どうして夏の一日、冬の一夜が長く思われようか！
願わくば、苦悩や悲嘆の無情な暗い影が
この美しい庵に黒い黴を吹き込むことが絶えてありませんように、
そして、大きな希望と誠実の光に照らされながら
生きながらえた生命の灯火がやがて静かに消えていきますように。

と結んだ。

第八章　プラース・ネウィズの終幕

❖ 使用人メアリ・キャリルの死

　こちらは希望と不安の交錯する毎日で、四六時中いつ癒えるとも知れぬ心細さにつきまとわれています。

　これは、ミス・パンスンビーがミセス・タイに送った一八〇九年一二月二七日付の手紙の一部である。生活を覆う「不安」、「心細さ」とはなんであろう。幼友達であり、遠いいとこにも当たるミセス・タイだからこそつい吐露した生活の重荷である。手紙の書き手はすでに五四歳、その伴侶は七〇歳である。背後に二人の健康の衰えがあったとしてもなんの不思議もない。しかし、確かなことは分からない。エレナーの日誌は一八〇二年三月で途切れ、再開されたのは一八〇七年八月であった。それも同年の年末までで、また途切れる。この頃プラース・ネウィズで何が起こっていたのだろうか。
　再開された日誌を読む限り、特筆されるほどの事件が身辺に起こったとは考えにくい。応接に暇がない来客と馬車を走らせて知人・友人を訪問する相変わらずの社交に明け暮れる日々が、天気と起床時間の律義なメモをまじえながら、むしろ淡々と記録されている。日誌から読み取れるのは、ただ以前と少し変わらぬ活発な社交の記録で、健康の不安をほのめかす記述はどこにも見当たらない。例えば一二月四日は「すばらしい春のような日」で、ブリンキナルトその他を訪問、延べ二〇人の名前が列挙され、結局「静けさにみちたわが館に帰ったのは真夜中」[*1]という天晴な社交の一日であった。第四章に紹介した一八二一年の八月五日の日誌にしても同じである。しかし、日誌以外の乏しい資料からかろうじて見えてくる「不安」の種は、どうやら女中メアリ・キャリルにあったらしいのである。

メアリ・キャリルは、じつは一〇年ほど前に、体調を崩して周囲を心配させたことがあった。そのときアナ・シィーウォドはレディ・エレナー・バトラーに「あの善良なエウリュクレイア〔オデュッセイアの乳母で、漂泊の旅ののちに変装して帰還したオデュッセイアを足の傷痕で見破った程の忠実な乳母——引用者注〕が病気で、生命にも別条ありはしまいかと近頃気が気ではないご様子、陰ながら心配しておりました。今は回復に向かっているとのこと、嬉しく思います。オーランドの従僕のアダムのように忠実で気の優しい使用人を失うことがあれば、ウェールズのアーデンの森にはつかの間では終らない暗雲がたちこめることでしょう」[*2]（一七九七年二月一九日付、リッチフィールド発）。このときは、大柄で屈強なメアリ・キャリルは危ぶまれた健康をみごとに取り戻すことができた。

そして、一八〇八年二月頃、日誌は一言も触れていないが、この忠実な女中は再び病いの床にあったと思われる。E・メイヴァーによれば、「回復しそうに思えたのに、一週間、二週間たち、それが一カ月、二カ月になって、完全な健康の回復は望んでも無理」[*3]と今度は思われた。

夏になるころには、メアリの衰弱はさらにはなはだしく、レクサムから医者を呼び寄せるため、下男を走らせた。医者がくるまでに、信じられないことだが、一週間もかかった。もう手遅れだった。関節が硬直し、寝たきりの状態で脚力は衰え、肺には水がたまっていた。とうとう一一月に「ひどく苦しむことなく静かに」息を引き取った。

このことがどれほど二人を悲しませ、困惑させたことか。これから先どう暮らして行けばよいのか途方に暮れたことだろう。だれが二人の好物の七面鳥の首をひねってくれるのだろう（セアラが実行したこともあった！）。老齢にさしかかった二人にとって、使用人というより友人であったメアリを失うことほど大きな痛手はなかっただろう。ことにセアラにしてみれば、幼いときから生活をともにしてきた「親友」にひとしかった人である。思い出すまでもなく、エレナーとセアラがアイルランドから出奔を果たしたのも、未知の土地で隠棲に成功したのも、すべてこの「親友」の献身があったからこそである。冒頭に引いた手紙の文面はセアラの偽らぬ心情だったのである。さいわい、二人のその後の面倒をみてくれたのは、気心しれた町の住人、ヒューズ姉妹エリザベスとジェインだった。

お悔やみの手紙が、国王ジョージ三世の末娘、アミーリア王女（一七八三—一八一〇）や国王の甥、グロスター公爵などから届いた。村人は棺が運ばれる墓地までの道を総出で掃き清め、故人への敬愛の情を示した。パークス氏が御者をつとめる「ライアン亭」の馬車に棺は乗せられて聖コレン教会へ向かった。そして、エレナー・バトラーとセアラ・パンスンビーが教会墓地の一隅に自分たちのために購入しておいた土地に三角錐形の記念碑（現存）を建て、「忠実な友」を埋葬した。そこには以下のような墓碑銘が刻まれた。[*4]

ミセス・メアリ・キャリルを悼んで
一八〇九年一一月二九日死去
本教区、プラース・ネウィズのエレナー・バトラーとセアラ・パンスンビーが
本記念碑を建立

俗世とその空しい悲哀の一切から解放されて、
いまその骸この石の下に眠る。
信仰に堅く、呼吸の遠のくを知しりつつ、
死に際してもキリスト信者の喜びと微笑があった！
忍耐強く、勤勉、忠実、寛容にして親切、
その行為はどんな誇り高い行為にも勝り、
その美徳は卑賤の出自にも品位を添え、
精神はこの浅ましい地上を高く越えた。
愛情、大いなる心の神聖な絆、
その輝きは失せたが、なお力強く息づく、
その死を悼む二人はこの墓を建立して絆の証とした、
やがて自らが友の骸とともに眠る墓を。

メアリ・キャリルは一生かけてためたお金（プラース・ネウィズの菜園でとれた野菜類を市場で売って、その一部を受け取ることができた）のうち五千ポンドを二人に贈った（使用人としては想像を越える「遺産」である）。生涯世話になったお礼として、プラース・ネウィズを購入する資金の一部にして欲しかったからだ。これによって、エレナーとセアラは、ここに移り住んで四〇年が経っていたが、一八一九年ようやく念願の「わが家」を持つことができた。長い間苦しめられてきた家賃から解放されたことは、おおきな救済だった。二人の自由と独立をあらためて保証してくれた。家主のジョン・エドワーズに三千ポンドを支払った。エレナーは日誌に「今日、自宅の支払いが完了した」[*5]（一八一九年一月五日）と記した。

しかし、本当にキャリルの遺産だけに頼った自宅購入だったのだろうか。しかも、キャリルが死んでから一〇年も経ってからの購入ということは、どことなく資金の出所がキャリルだけという推論を弱いものにしている感が否めない。いまでこそ二人の暮らしは安定しているものの、といっても、そんなに余裕のある生活ではけっしてない。始めの一〇年ほどは、時に家賃の支払いも滞るありさまだった。一七八九年は「最大の困窮の年」[*6]、ミセス・タイに借金を申し出ている。たまりにたまった馬車の使用料をめぐって、「ハンド亭」の主人と深刻な諍いに発展したこともあった。当てにしていた親戚・知人から年金を断られる状態が長く続いた。ようやく貴顕紳士の「信奉者たち」から、あるいは理解を示してくれるようになった親戚筋から、年金が多少とも届くようになったのは、そんなに昔のことではなかった。ミセス・ゴダードの遺産があったのは事実だが、それとて十分であるはずはなく、一番の遺産が期待できたオーモンド家のエレナーの甥が死亡したのは一八二〇年であった。長年親交があったミセス・ピオツィは遺産のすべてを養子に遺した。ほかにメアリはアベラッダの土地をミス・パンスンビーに遺した。

やがて墓碑銘のとおり、二人は同じこの三角錐の墓に埋葬されることになる。そして、そのとき残りの二面にそれぞれの墓碑銘を刻んでもらうことにもなる。しかし、それはまだ少し先の話である。


メアリ・キャリルの死よりも早く、同年三月にアナ・シィーウォドがこの世を去った。数年前から体調を崩して、「ひどい頭部疾患に悩まされて」、「いずれは病床に伏すことになるでしょう」[*7]（一八〇五年六月一三日、リッチフィールド発、ミス・パンスンビー宛書簡）。壊血病にかかったのが命取りになった。彼女はリッチフィールド聖堂の先祖代々の記念墓碑に埋葬された。碑文はウォルター・スコットが書いた。

レディ・エレナー・バトラーとミス・パンスンビーは葬儀に出席しなかった。シィーウォドは形見としてセアラに指輪を遺した。エレナーには何も遺さなかった。どうやらエレナーとの間に気まずいことがあったようである。貸してあった金の返済が約束通りなされなかったらしい。その無節操に腹を立てたのだった。シィーウォドは「当方のお付き合いの仕方に行き届かぬことがあったのかも知れません。あの方の礼節といえることにもとる過ちがあったのでしょう。どうも気に入られていないようですが、いまさらどうこうする気力も気持ちも持ち合わせておりません」とセアラに告げ、「でも、貴女様が、最愛なるセアラ様が、私の最晩年の毎日をその太陽のようなご性格で明るくしてくださいました。これからも貴女様がお住まいになる『谷間のおとぎの国』をいつも大切に胸にしまっておくことでしょう。療養のためにフランスに行きますが、その間お会いできないのを寂しく思います[*8]」と書いたのが最後になった。

他にも知人・友人の悲しい知らせが続いた。ミセス・タイは病気治療のためアイルランドからダーウィン医師の診察を受けるため、はるばる来英しなければならなくなった。バレット家のミス・レティティアが亡くなって、オズウェストリの教会墓地に埋葬された。後を追うようにミセス・バレットがこの世を去った。ジョンソン博士を通じて親交があったミセス・ピオッツィは一八二一年に亡くなった。

一八二〇年七月、摂政をつとめていた皇太子がジョージ四世として王位に就いたとき、エレナーとセアラはプラース・ネウィズの屋敷を豪華に電飾で飾り立てて、祝意を表し、村人を大喜びさせた。シュルーズベリーの地方紙はこれを快挙として大々的に報道した、という[*9]。

この頃からエレナーの視力は目立って衰えをみせはじめた。日誌をつけることも、字を書くこともままならぬ、「不眠に悩まされる耐え難い毎日」が続いていた。このことは前章の冒頭で触れた。一八二二年六月から七月にかけて、エレナーは白内障の手術を二度受けた。しかし、彼女は健全な視力を取り戻すことが最後までできなかった。

❖「風変わりな二人の老女」

一八二五年八月、ウォルター・スコットは、長女ソファイアの夫ジョン・ロックハートと次女アンを伴ってプラース・ネウィズを訪れた。三人はアイルランド旅行からアボッツフォードの居館へ帰る途中だった。七月八日にエディンバラを馬車で出発して、グラスゴー経由でアイルランドを訪ねた旅だった。ダブリンで息子夫婦の新居を訪問、それに前年、伝記と注釈に大幅な改訂を試みて出版したスウィフト全集（第二版）のスウィフトの墓にも詣でた。還暦に近いマライア・エッジワース（一七六七—一八四九）にも会うことができたはずである。

帰途、北ウェールズのホリヘッドに着いたのは八月一八日、スランゴスレンの旅籠に宿泊した日を特定することはできないが、八月の二〇日前後だったろう。三人は貴婦人から招待を受けた。スコットは「このロマンティックな老嬢」について十分な予備知識があったから、招待は楽しい社交になるだろうと期待していた。ところが、「現実は期待をものの見事に裏切ってしまった」[*10]。

スコットは早速「裏切られた期待」を手紙にしたためた。八月二四日付、ウィンダミア湖畔エラレー村発、アイルランドの息子夫婦宛の書簡である。この手紙はロックハートによって義父の『伝記』に採り入れられ、期せずして貴重なしかし冷酷無情な「プラース・ネウィズ訪問記」となった。

スコットはまずスランゴスレンの渓谷に言及して、「これまで目にしたこともない最高に完璧な宝石のような景勝の地です。ハイランド地方の荒涼たる背景とわが館に近いイングランドの豊かな田園風景

アボッツフォードに近い「スコットの見晴らし台」から眺めるイールドン丘陵。スコットは散歩に出るたびに馬を止めて、このツイード川流域の景色を愛でたという。

アボッツフォードの屋敷。文豪スコットが晩年の 20 年間を過ごし、詩人ワーズワスなど多くの文人を迎えた。

をそのままそっくりそなえた地です。川の流れはアボッツフォードに似て、この上なく清く、せせらぎが快いのです」と褒めたたえた。続けて「このスランゴスレンで、パパは道草をくいました。かの有名な『貴婦人』を、つまりレディ・エレナー・バトラーとミス・パンスンビーを訪問したのです」と書いて、この二人のはるか昔の出奔、誤解を招いた服装など、長い奇矯な人生に触れ、「二人の空想物語が真に正当な理解をうるまでには幾年もの長い年月の経過がありました」と綴った。その上で「この二人とその住まいについてなにもかもが、話にならないほど奇妙で常軌を逸していることを発見しました」とも言う。

プラース・ネウィズで目にしたのは「風変わりな二人の老女」であった。[*11]

一人は明らかに七〇歳、もう一人は六五歳、この二人の女性が、考えても見てください、陰気な青色の乗馬服ととてつもなく大きな靴と殿方用の帽子という姿で、ペチコートの裾をたくしあげ、玄関先で来客を今か今かと不安げに、よたよたしたおぼつかない足取りで待ち侘びている様を！一目見たとき、奇態な気違いじみた二人組の老水夫かと思いました。近づいて見ると、二人ともブローチや指輪なんぞを嫌になるほど身につけているではありませんか。目立つのはレディ・エレナーで、いくつもの星形や十字型の勲章とバース勲章そっくりの赤綬で身を飾っているのです。あげくの果てに、頭は粗いくしゃくしゃの髪の毛を短く刈り込んで、一人の髪は雪のように白く、もう一人はヘアパウダーをふりかけていました。年長の婦人はほとんど失明の状態であるばかりか、体中がどこもかしこも衰弱して見えました。もう一人は、昔ながらの従僕ぶりを発揮していました。

D・グルンバッハは、右と類似の表現ながら、「ちょっと見ると、奇態な二人組の老水夫という印象であるが、近くで接すれば、その珍奇さは影を潜めて、両人の優しさと深い大きな相互の献身が目についた」と記した。またE・メイヴァーによれば、室内を移動するエレナーに手を貸していたわっているセアラの姿がしばしば見られた。セアラは自分が長生きして支えなければ、エレナーの晩年は悲惨をきわめることになるだろうと考えた。しかし、そのセアラ自身も全身浮腫にかかっているのではないかと噂された。頰は落ち窪み、下半身が大きく膨れ上がってまるで臨月を迎えた妊婦のようだった、という。[*12]

二人の書斎には、書物、雑誌、手紙、新聞、版画、細密画、宝石類、置き時計、陶器製の龍、中国服姿の首振り人形、化粧戸棚、ガラス戸棚、その他ありとあらゆる形と色をしたがらくたが所狭しと置かれていた。愛犬と愛猫もいた。「テーブルの上には全国から集まった新聞がうずたかく積まれ、社交界の動静にはどんなに遠く離れていても熟知していたらしい。二人の写真集、ルイ一八世やジョージ四世からはじまってへぼ詩人や藪医者にいたるまでの自署など、博物館顔負けの書斎だった。完璧なブルーストッキング主義の精神の見本だ[*13]」とスコットは皮肉まじりに書いた。

ちょうどこの頃だろうか、スコットが二人にジェイン・オースティンの小説を薦めたことが知られている。エレナーは本を読むこともままならぬ状態で、セアラに読んでもらうよりしかたがなかった。しかし、セアラは女の書いたものなど、まどろっこしくて面白くもない、どれもこれも結婚と母親と娘の話ばかり、といって興味を示さなかった。セアラがもっぱら読んで聞かせていたのはスコットの歴史小説だった。

❖ エレナーの最晩年と死

一八二八年の冬、それは寒い、しばしば濃霧がたちこめる冬だった。雪も時々降った。散歩はできない。教会から使い走りがやって来て、牧師様が悪路で転倒して足を痛め、ラテン語の教授が続けられなくなったと告げた。家に閉じ込められる日が重なる。例年にない孤立の不安と焦燥がプラース・ネウィズを覆う。それでも、あの一年中でいちばん静かな、いちばん濃密な時間はまだ書斎や居間の暖炉の前から失われてはいなかった。

以前のように訪問客を迎えることは最早なかった。二人の共有する時間はもうそれほど多くないことを直感していた。いまさらエレナーの哀れな姿を人目に晒すことなどできなかった。しかし、なぜセアラは、エレナーを裏切るように、一人のアマチュア画家を最後の訪問者として招き入れたのだろう。謎である。「ハンド亭」の新しいオーナーとなったミセス・パーカーの娘メアリ・パーカー（後のレディ・レイトン）がカーテンの陰からこっそりスケッチしたのだった。四年前、スコットに「完璧なブルーストッキング主義の精神の見本」と揶揄たっぷりに言語化された書斎のエレナーとセアラの姿をである。

一八二九年、長い冬の日がやがて春の一日となり、それも間もなく初夏の気配を濃くしはじめる六月上旬の一日、庵の裏を流れるディー川の支流に水嵩が増し、濃い緑の雲が森や牧場の上をしきりに流れ去る、そんなこれまでと少しも変わらぬプラース・ネウィズの六月のある日、エレナー・バトラーは睡眠中、傍らにいたセアラも気付かぬうちに、息を引き取った。六月二日だった。遺書により、エレナーの所有する一切はセアラが相続し、またセアラがただ一人の遺言執行者に指名された。

葬儀の日、[*14]「住民の悲しみをどう表現したらいいのか分からない。村の商店という商店が店を閉め、仕事を休み、たいてい誰もがはれぼったい目をしていた。裕福な村人は黒服を着て喪に服した。もっと貧しい人達は、その人たちにとってこそ、故人が最高の恩人だったその死を嘆き悲しんだ」、とシュルーズベリーの地方紙は報じた。庵から教会に向かう、棺を乗せた馬車は、オーモンド家の紋章がピンでくくりつけられた黒のベルベットに覆われ、その日の朝、ヒューズ姉妹がプラース・ネウィズの庭で摘んだばかりの花が一束添えられていた。二頭の美しい黒馬が馬車を曳いた。葬列には故人の姉の孫息子夫妻、オーモンド侯爵夫妻と五人の子供達をはじめ、ミセス・タイの娘、レディ・キャロライン・ハミルトンなどの顔があった。村道に並んだ村人たちは王室の葬列を見送っているような錯覚に陥っていた。悲しみのあまりセアラは列に加わることができなかった。

セアラ・パンスンビーは、「伴侶の死」という現実に直面して、途方に暮れた。これまで長い歳月にわたって享受してきた二人の幸福とはいったいなんだったのか、という思いに翻弄された。「伴侶の死」は遺された者の過去の喪失を意味する。その衝撃の度合いは、本来的には、親密度や親密だった時間の長さとは関係ないものなのだろうが、セアラの場合、「隠棲」五〇年という時間の重みは、やはり衝撃度を決定的にしただろうと思われる。セアラは多方面から届いた悔やみの手紙に礼状をしたためながら、あらためて喪失感に見舞われるのだった。なかにはこんな挽歌を添える奇特な人もいた。*15

あの明るい気品ある挨拶をする声が沈黙した、
二つの島国、姉妹国の数々の最高の貴人を
その理想郷の庵に迎えた、あの声が！
あの寛容にして恵み深い人柄が葬られた、
心の雅量が赴くままに恩恵を施した、あの人柄が！
九〇年の生涯を通して、その心は
冷ややかな心を見せたことはなかった、ただの一度も！

夏の稲妻に似て、すべてを照射した
あの敏捷な鮮やかな才知が停止した。
だが、希有な才に恵まれた精神は消滅することなく、
いまこそ、高貴な能力が完璧な実を結ぶ。
同じ血縁の魂に出会えたこと、どれほどの至福であったことか！
気高い友情の聖なる絆に結ばれ、
友とともに、青春の楽しい日々を享受し、
あらゆる痛みを分け合い、あらゆる喜びを倍加し、
友の歩みを、さながら守護天使のごとく、たがいに見守り、
深い愛情を強く強く注いだ！
称えられ、敬愛された友よ、その生命の永からんことを。
その友もやがて静かに死神の腕の中に身を落とし、
至福の御国で、双子の霊魂に合一することを今はただ祈るのみ。

『ジェントルマンズ・マガジン』一八二九年八月号は、レディ・エレナー・バトラーの追悼記事を載せた。
「六月二日。オナラブル・レディ・エレナー・バトラー、スランゴスレンのプラース・ネウィズ・コテッジで死去」と死亡の日と場所を定石どおり伝え、続いて「聖パトリック勲爵士であるオーモンド侯爵の伯母」という身分をこれも定石どおり紹介した。以下、故人の出自を詳述した後、「ミス・バトラーとその伴侶ミス・パンスンビーが最初に意気投合して隠棲を決意したのは一七七九年頃のことであっ

た」と記した。さらにスランゴスレンに落ち着くまでのいきさつを述べながら、「五回あったとされる結婚話を断固として拒み」、「わずかの金銭を所持して二度目の出奔を試みた」などの字句を連ねた。「二人の居場所はただ女使用人に伝えられただけで」、身元については「長年、村人に『スランゴスレンの貴婦人』の呼称で知られていたにすぎない」。ミス・バトラーは「乗馬服姿で」、いかにも「スポーツマンの感じ」。それにひきかえ、ミス・パンスンビーは「色白の美人で、いかにも貴婦人然とした感じ」だった、と二人の容姿にも触れた。そして最後に一七九六年アナ・シィーウォドがソネットを献じた一件にも言及がある。

追悼記事は全体として、一七九〇年の『ゼネラル・イーヴニング・ポスト』紙に掲載された「嫌みたっぷりの」記事の再現を思わせる内容と言えそうである。もしエレナーが読んだとしたら、あのときと同様、激しく怒ったであろう。そしてあのときと同様、そんなエレナーをセアラは宥めたことだろう。

エレナー・バトラーは、聖コレン教会の墓地の、メアリ・キャリルと同じ場所に埋葬された。セアラと二人でメアリのために建てたあの三角錐の記念碑の下だった。そして、生前望んだ通りに、エレナーの墓碑銘が、残されていた二面のうちの一つにあらたに刻み込まれた。(なお墓碑銘から逆算される生年は一七三二年ということになって、一般に信じられている一七三九年とは食い違う。また没年についても墓碑銘は一八二二年としている。一方すでに触れたように『ジェントルマンズ・マガジン』に追悼記事が出たのは一八二九年だった。また末尾の聖句は第四章が正しい)。

ライト・オナラブル・レディ・エレナー・シャーロット・バトラーを悼んで

本教区、プラース・ネウィズの住人

一八二二年六月二日死去

享年　九〇歳

第一七代オーモンド伯爵およびオーソリー伯爵の一六番目の妹の娘

現オーモンド侯爵の伯母

その比類ない秀でた心性と高貴な誕生にふさわしい礼節によって
多数の知人から慕われ、また一人の心の友の称賛をうけ、その喜びともなった
長きにわたった生涯の最晩年にいたるまで精神の輝く機敏は衰えをみなかった
優しい謙譲と博愛の姿は長く広くその恩恵に浴した人々の深い敬愛の的となった
その完全無欠な生涯は神意に捧げられた敬虔と快活な柔順がその証となろう
いまその篤厚は永遠の功徳を享受し、半世紀以上の信仰によって幸福を守った
それは、墓石が骸の上に閉じるとき
あらためてわれらが聖なる贖い主を通じて蘇るだろう。

希望を持たないほかの人々のように嘆き悲しむな

（テサロニケ人への第一の手紙――一一章、一三節）

❖ セアラの最晩年と死

葬儀が終わって間もなく、出席できなかったウェリントン卿から便り（一八二九年七月一七日付、ロン

ドン発）があった。その一節に「昨日、国王の裁定により、年額二百ポンドの年金があらたに貴女様宛に決定しました。心からお慶び申し上げます」[16]とあった。どのような返信をしたためたか不明だが、セアラは自分でも意外なほど特別な感慨はなかった。使用人のヒューズ姉妹に手当てを支払いながら生活が維持できている現状に、伴侶を失って、いまさらなにを加えようというのか。伴侶の喪失には底知れぬ寂寥がつきまとった。その寂寥に流されながら、セアラは悪化する浮腫症にもうそれほど先が長くないことを知っていた。

一八三〇年二月、セアラは遺書を書く。それによると、二〇年ちかくも仕えてくれたヒューズ姉妹にそれぞれ年額二四ポンドの年金を約し、他の一切の財産と一切の保管されている私信と日誌をキャロライン・ハミルトンの子供達に遺した。

セアラの最後の手紙は、キャロライン・ハミルトンに宛てた一八三一年一〇月八日付である。死の二カ月前に書かれた、一六〇語あまりの手紙である。「このところ次々と邪魔が入って手紙が思うように書けない状態でした。今朝こそは邪魔も入らないだろうと当てにしていたのですが、その当てもみごとはずれました」と書くが、今朝ばかりは嬉しい悲鳴であった。じつは「友人が一六種ものゼラニウムの花を届けてくれました。すでにわが家には八〇種近くあると思うのですが、一四が全く初めてのものでした。一覧表にしてお知らせしましょう。今はまだ苗でしかありませんが、春には立派な親木になってくれるでしょう。そのころには、おすそ分けできる子供も育つでしょうから、ぜひあなたの庭に加えてください。ハルタデの種子はすごく嬉しいのですが、この時期では育てるのがひどく大変ではないかと気になります。『改正法案』の行方はどちらに転んだ方がよろしいやら、よく分かりません」[17]。

春が訪れ、ゼラニウムが花を咲かせるのを待ちきれず、そして『選挙法改正法』（一八三二）の成立を見ずして、セアラ・パンスンビーは一八三一年一二月八日この世を去った。七六歳であった（『ジェントルマンズ・マガジン』一八三二年三月の追悼記事による。現地の墓碑銘には、以下に紹介するように、一二月九日、七八歳と刻まれている）。

『改正法』の行方が最後まで気に掛かっていたのは、ブルーストッキング派の生き方に強い共感をもった女性として至極当然なことであっただろう。スランゴスレンの貴婦人の真骨頂を如実に、しかも最後の瞬間に見る思いである。

セアラ・パンスンビー

一八三一年一二月九日死去　享年　七八歳

彼女は最愛の人レディ・エレナー・バトラーに先立たれてまもなくこの世を去った。二人は半世紀以上もの長きにわたって途切れることない友情を支えにこの峡谷に住んだ――しかし、二人は再びその家に帰らず、その場所ももはや二人を知ることはない。（ヨブ記――第七章、第一〇節）

しばし憩いをとって、人間の生命の不確かさではなく、その終焉の確かさを思え。そして、人間は一度だけ死ぬことを、その後は裁きが訪れると定められていることを確信して安らぎを得よ。キリストもまた多くの人の罪を負うために、一度だけご自身を捧げられた。そしてキリストを求めている人々に、罪を負うためではなしに、もう一度現れて、救いを与えられるのである。

（ヘブル人への手紙――第九章、第二七、二八節）

『ジェントルマンズ・マガジン』に追悼記事が載ったのは翌一八三二年三月であった。三年前のエレナー・バトラーのそれに比べると三分の二位の長さで、気配りの行き届いた、礼節を尽くした記述だった。

Miss Ponsonby.

Dec. 8. At Plasnewedd, Llangollen, co. of Denbigh, aged 76, Miss Sarah Ponsonby, the friend and companion of the late Lady Eleanor Butler.

They resided together in that beautiful retreat for more than fifty years, beloved and respected. Their separation was short: Lady Eleanor died June 2, 1829. On that occasion (in vol. xcix. ii. 175) we related the singular circumstances of their seclusion. The only companion of their flight was a maid named Mary, somewhat older than themselves, but who lived to an advanced age, and died not many years ago. The ladies erected over a vault a three-sided pyramid, on one side of which was placed an epitaph to Mary, when it was seen by our informant a few years since.

Miss Ponsonby's father was Chambre Brabazon Ponsonby, esq. son of Major-General the Hon. Henry Ponsonby, who was slain at the Battle of Fontenoy in 1745, and was great-uncle to the present Earl of Besborough. Mr. Ponsonby was

セアラ・パンスンビーの追悼記事（「ジェントルマンズ・マガジン」1832 年 3 月）。

スランゴスレンに五〇年以上、無二の親友同士として暮らし、「人々から慕われ、敬愛された」。「エレナーの死の際には、隠棲にまつわる尋常ならざる状況を伝えた」が、その際触れずじまいだった使用人メアリ・キャリルについて、「二人の出奔にただ一人付き添ったのが女中のメアリで、年は二人より少し上だったが、長生きをした。亡くなったのは、今からそう何年も前のことではない。二人は埋葬した場所の上に三面ピラミッド型の記念碑を立て、その一面にメアリのための碑文を刻んだ」と補完的記事を添えた。この碑文はすでに紹介したとおりである。

一八五四年夏、ジョージ・ボローはスランゴスレンを訪れた。プラース・ネウィズの傍らを通り過ぎたとき、地元の男、ジョン・ジョーンズから聞いた話を『荒涼のウェールズ』（第一七章）に記録した。

今はあすこにはだれも住んでいません、旦那。陰気ですっかりさびれてしまいました。二人が住んでいたときは、なにもかにも賑やかで活気がありました。それに比べりゃ、大違いです。二人のことは覚えていますよ、旦那、とくに相棒に死なれてから一人住まいをしていた人のことはよく覚えています。とても善い方で貧しい人にとても親切でした。門前に来た人には、必ずなにかを恵んで、励ましていました。それにたいそうな人物で、付き合いもたいしたもんで、よく四頭立ての馬車で動き回っていました。でもその人も亡くなって、屋敷は死んだように冷え冷えとしてます。暖炉に火はなく、家具もなくがらんとしてます。その人の死後、競売がありましたが、それはそれはたいした競売で、四日間続きました。ものすごい人出で、山ほどあった珍品を、はるか遠方から買いに来た人もいたくらいです。

ジョン・ジョーンズが記憶していた「たいした競売」は、セアラの死から六カ月後に行われた。競売人を務めたのは当時有名だったジョージ・ロビンズで、「小楽園」のキャッチフレーズで豪華なカタログを作成した。プラース・ネウィズは一四〇〇ポンドで、マンチェスター出身のスランゴスレンに住む二人の女性が落札した。ミス・シャーロット・アンドルーとミス・アメーリア・ロリーで、ともに独身、エレナーとセアラ流の女同士の生活に憧れをもっていた。だからたとえ亜流とはいえ、プラース・ネウィズの後継者としてふさわしかったと言えよう。「山ほどあった珍品」のなかで人目を惹いたのは二人の蔵書で、例えばソルボンヌ大学の蔵書であることを証する書き込みのあるフロアサールの稀覯本（革命のどさくさに紛れて流出したものと考えられる）は三二シリング六ペンスの値がついた。ほかに、E・メイヴァーが列挙しているところによれば、例の風琴につるしてあった二人の貴婦人のイニシャル入りの鈴とか、ジョージ四世の末娘アメーリア王女からセアラに贈られたリーヴズ社の化粧箱とか、フランス国王から贈られた『モンパンシエ公爵回想録』とか、望遠鏡、万華鏡、虎の足、セイウチ、鯨、アザラシの歯、象の毛、ピストル、海綿でできた猿、チョコレートで精巧に作られた花と果物の入った籠などなど（エレナーの十字勲章は競売にかけられなかった）。結局、全部で二〇一三ポンド六シリング六ペンスの売り上げになった。[*18]

プラース・ネウィズの新住人は改築を試みた。この改築は、それまでのなんの変哲もない一軒の田舎家を、今日の外観に近づけた、しかしまだ現在のような黒白の対照が見事ないわゆる木骨造りではないが、安直なゴシック風装飾が、玄関はいうまでもなく、張出し窓などいたるところに、やたらと施されたいささかグロテスクとも言える建物に一変させた。ミス・ロリーが死ぬと、親戚のミセス・クーランの手に渡り、一五年後の一八七六年にはリチャード・ロイド・ウィリアムズに売却され、同年さらにヨーク将軍の手に渡った。将軍はレクサム出身のヨーク一族で、クリミア戦争時、史上有名なバラクラヴァの戦いで英重騎兵連隊の突撃を指揮した名将である。子供のときからプラース・ネウィズの貴婦人と面識があり、退役後の余生を、プラース・ネウィズの修復と後世にその住人の精神を伝えることに捧げようと決心したのだった。外観に黒々としたオーク材の小割り板を豊富に装飾に用いた改装によって、今日見る黒白の対照が鮮やかな外観に一変した。ほかに西棟を増築した。将軍は一八九〇年この世を去った。

その後、プラース・ネウィズはリヴァプールの木綿仲介業者G・H・ロバートソンやタンカーヴィル伯爵の所有を経て、その間、東棟の増築、前面の整形式庭園などの整備が進んだが、一九三二年、地元スランゴスレン町議会が購入、翌年五月二五日にエレナー・バトラーとセアラ・パンスンビーの記念館として一般に公開された。一九七四年以降プラース・ネウィズはグリンドア地区議会の管理下にある。[*19]

一八世紀後半から一九世紀前半にかけて、二人の貴婦人が、アイルランド、フランス、そして北ウェールズに残した希有な軌跡は、風土と時代に育まれた堅固な精神のそれにほかならない。アイルランドを起点にして、一時フランスとの絆を強め、その絆を生涯意識しつづけながら、結局、二人は北ウェールズにおいて軌跡の全体像を完結させた。それは美的・享楽的関係を越えた実存的関係として捉えられる女同士の「友情」の希有な軌跡であった。同時に英国一八世紀文化の諸相と分かちがたく結びあう軌跡でもあった。その共有された時間の切実で信じがたい濃密さ、自在であろうとする精神の強さと柔らかさ、広がりと深さは、ジョージアンと摂政時代のイギリスの想像力を捉え、いまなおわれわれの関心を惹きつける。

ほんとうに二人は再びその家に帰ってこなかったのだろうか、その家は再び二人を知ることはなかったのだろうか。今、新しい墓碑銘を刻まなくてはならないのかもしれない。

あとがき

ようやく二人の貴婦人の「物語」もその晩年を見届けたことで終わることができた。筆を進めながら、そして風化した二人の墓碑銘に接しながら、今から二百年以上も前に、がんじがらめの社会の常識と規則を乗り越え、風評に耐えて、「夢」を実現した女性の果敢な精神と好奇心に、幾度たじろぎを覚えたことだろう。

それにしても、プラース・ネウィズを訪れて、その住人に惹かれた当初考えもしなかった、この「物語」に潜む広がりと奥深さにしばらくして辿り着いたとき、それは正直言って予想していなかっただけに、うれしい誤算であった。貴婦人に対する著者の思いは十分報いられたのだった。ヨーロッパの周辺部で起こった女同士の駆け落ちと長い同棲という、一見いかにもありきたりな瑣末な「物語」に見えながら、これがじつは時代に深く根差した「物語」であったのは、思っても見なかった手応えであった。マージナルな物語性が時代の諸相を照射する問題性を秘めていた、瑣末が大局に繋がっていたのだった。なかでも現代フェミニズム問題の初期段階におけるまぎれもない一事象である、という事実に逢着したとき、これは著者にとって十分ひとつの「事件」だった。それを抱え込んだまま、よちよち歩きのまま、とうとう終局にたどり着いたが、果たしてどこまで「事件の核心」に触れることができただろうか。

一九九九年春、イギリスの観光シーズンの幕開けとなる復活祭の訪れを待って、スランゴスレンに滞在した。記憶をたどると三回目の訪問である。

　最初の訪問はまだ高速道路M5も開通していない二五年近くも昔のことで、と言っても現在でも「国境」に近いシュルーズベリくらいまでしか開通していないが、アイルランドへ行く途中、ディー川の北岸にある、一三世紀初頭建立のシトー派ヴァレ・クルーシス修道院の廃墟が気になって立ち寄ったのだった。夏の観光シーズンたけなわの頃で、いかに町の中心街カースル・ストリートだとはいえ、辺境の地にしてはずいぶん人出が多いと思った記憶がある。もしかしたらあの有名な「国際アイステッヅヴォッド音楽祭」の開催期間中だったのかもしれない。ウェールズについて基本中の基本事項すらおぼつかない旅行者だった。せいぜい、ホリヘッドへ通じる街道A5沿いの世界一長い地名に気をとられている程度だった。プラース・ネウィズはまだまだずっと遠いかなたにあった。

　そのプラース・ネウィズとの出会いは、一九九三年の八月、イングランド中部にチューダー朝建築様式を代表する木骨造り、俗に言う「ブラック・アンド・ホワイト」のカントリー・ハウス探訪の旅を続けているときであった。その夏の一日、すでにチェシア州のリトル・モートン・ホールを訪れて、あらためてこの木骨の黒と漆喰の白を特徴とする様式の真骨頂に魅せられ、陶然たる思いに捉われていた――ちょっと前のめりの、小さな堀をもった、静寂の中の三層の木造建築がなんと精彩を放っていたことか！

　だが、スランゴスレンの町で街道A5から脇道にそれて急坂を上りきった林の中に佇むプラース・ネウィズは、もう閉館時間も近いというのに、嘘のように明るい北国の夏の夕陽のなかで、リトル・モートン・ホールをはるかに凌ぐ「物語」を準備して、遠来の訪問者を迎えてくれた。このときの「予感」が始まりだった。わずか一〇ページにも満たない小冊子が案内してくれる「物語」、その主人公はアイルランド出身の二人の貴婦人、しかもこの辺境の地に女同士の五〇年に及ぶ共同生活、尼僧院の密室状況を予想させながら、それを裏切る開かれた社交——なにやら波乱ぶくみの物語性。一見信じられない事のように思われながら、じつは本当の話という、その虚実の物語感覚が刺激的であったのだ。その刺激の心地よさに動かされて、さしたる成算もないままに手をつけた仕事だった。貴婦人像を夏の夕陽のなかに立ち現れた異国の幻に終わらせたくない、そんな気持ちばかりが先走っていたように思える。

文献が少ない。執筆には評伝、研究書の類いばかりか、貴婦人が残した日誌、書簡といった第一次資料が不可欠だというのに、邦文はもとより、外国文献も一般に入手できるものはごく限られていた。しかも資料はいずれも貴重図書・手稿の分類で大図書館の奥深くに所蔵されたり、遠隔地のカントリー・ハウスに代々伝わる古文書として保管されたり、人を容易に寄せつけない厳しさがあった。一昔前ならこうした「秘蔵の」資料を収集するのはひどく消耗する作業であったが、ありがたいことに、今は違った。発達した通信情報技術の恩恵を享受できた。

それでも資料だけの執筆はいつも隔靴掻痒の感につきまとわれる。二人の貴婦人だけでなく、多くの詩人、文人、思想家を惹きつけたスランゴスレンという土地はいったいどんな場所なのか。ディー川の渓谷に人を集め、詩的啓示を与えたという土地とは、いったいどのような地形のなかで、どのような空気を呼吸しているのか。「物語」の成立要件がこの土地柄にあることを考えれば、やはり現地に立って、その格別な（と思われた）「地霊」（genuis loci）にどうしても直接触れてみたいと思った。イギリスについて仕事を進めているときいつもそうであるように、今回も、以前にまして現地主義が頭をもたげてくるのだった。

街道を外れた川沿いに老舗の宿「ハンド・ホテル」はあるはずだった。隣接して聖コレン教会があって、会堂内南側廊には二人の貴婦人のための大理石浅浮彫りの記念像があるはずだった。墓地には二人の貴婦人と忠実な使用人の墓があるはずだった。それは旅のハイライトになるだろう。ディー川にかかる古橋と「ロイヤル・ホテル」(旧「国王の首亭」)もそれなりになにかしら語りかけてくれるだろう。そう、ホテルのロビーには、アマチュア画家、メアリ・パーカーによる貴婦人のスケッチが掲げられているはずである。貴婦人二人が交際を続けた近在の知人・友人の屋敷も農家も健在であるはずだった。そして対岸のミル・ストリートにはその名もセアラ・パンスンビーを名乗るパブがあるはずだった。このいくつもの「はず」に誘われて、一九九九年春の三回目のスランゴスレン行きが決まった。今回はアイルランドまで足を延ばして、キルケニー城やウッドストックの旧邸、ボリスの居館など、さらにいくつもの「はず」を頼りに、二人の貴婦人ゆかりの地を求めなければならなかった。いったん現地に入れば、限りなく執拗に鵜の目鷹の目で「資料」を求めなくてはならぬ。現地でその貪欲さをどこまで押し通せるか。はたしてその現地主義が、「まえがき」通りに、「たんなる観光案内」以上の成果につながったかどうか。

今回の旅も言い尽くせぬ好意に恵まれた。現地で受けた二つの好意である。それがなければ印象そのものはいうまでもなく、旅の成果自体も大いに変わっていただろう。一つはスランゴスレン教区教会の牧師の好意、一つはアイルランドのボリス村の農家の好意。

聖コレン教会墓地で二人の貴婦人の墓碑銘を取材し終えたばかりだった。隣接するホテルへ戻って夕食をとるにはまだ早すぎる時間だった。もうひと踏ん張りしよう、教会堂の南側廊にあるはずの二人の貴婦人の記念像を確かめておこう、思ってもみない情報がえられるかもしれない、そう考えて、西扉を押してみた。施錠されていて動かない。昔はそんなことはなくて、いつでも訪問者を迎え入れてくれたものだったが、物騒な近頃は、盗難を恐れて昼間でも鍵を閉めておくことが多くなった。教会も「狭い門」になってしまった。

扉には牧師館までの略図と電話番号が書かれた紙切れが張りつけてあって、それなりの配慮がなされているのだから、牧師館まで行って訳を話して開けてもらえばいいのだが、不案内の土地を行く旅行者には、これが意外と骨の折れる仕事なのだった（経験上そのことをいやと言うほど知っていた）。アイルランドのエッジワース・タウンでは、マライア・エッジワースゆかりの教会を目の前にしながら、境内にも入れず門前払いを食らった記憶がある。そうかと思うと、ルイス・キャロルの記念ステンドグラス窓を見るために、チェシア州のダーズベリー村にオール・セインツ教区教会を訪れたときには、鍵を借りて来た先着の観光客のお陰で労せずして、聖衣をまとったアリスと白ウサギやドードーなどのおなじみのキャラクターの前に立つことができた、そんなこともあった。

どのくらいの間、教会墓地に立ちすくんでいただろうか。貴婦人の墓の傍らの小道を通りかかった人が声をかけてくれた。その人が牧師さんだと分かったときには、僧衣姿ではなかっただけに、まさかという気持ちだった。いかにも温厚な感じの中年の紳士はこちらが当惑するくらいの好意を示しながら、教会堂の中を案内してくれた。天井のオーク材に刻まれた幾体もの天使や天使と天使の間隙を埋める怪物や紋様化された草木。南側廊の二人の記念板は大理石製で、右にエレナーが左にエレナーより少し背の高いセアラが浮き彫りされていた。この記念板が、『スランゴスレンの貴婦人』の著書もあるメアリ・ゴードン女史の寄贈であることを知って驚いた。

ていねいな説明の後に、対岸のミル・ストリートには「セアラ・パンスンビー亭」がありますよ、と秘密を打ち明けるように話してくれる。リシンに行けばちょっとした古文書館もあります、ぜひ行ってご覧なさい、と薦めてくれる。リシンが北へ街道をたどる、Ruthin と綴る、本書でも言及した、この近在では大きめの町であることを知ったのは、帰国してからであった。普段ならすぐ手帳を出してメモをするのに、しかも地名の綴りと発音の隔たりが大きいアイルランドやウェールズでは、取材の基本中の基本だということを自分に言い聞かせておいたはずなのに、このときばかりは、先刻からの幸運にすっかり気をよくして、すでに現場主義の緊張感は弛緩して、貪欲さは完全に失われていた。用事があったはずなのに、それを忘れたかのような牧師の親切な応対に幾度もお礼を言って別れてしまったのだった。

帰国後、執筆をすすめていると、このときのわずか一泊だけの現地滞在の記憶が思わぬときによみがえってきて、それはしばしば資料読解の作業とオヴァーラップした。平面図から立体像がにわかに立ち上がってくるかのように、モノクロームがカラー映像に変身するかのように、あるいは静止画像がにわかに動画に転じるかのように思われた。最大の関心事だったスランゴスレンの「地霊」とは、辺境に位置するという地理的条件に決定づけられ、特徴づけられた固有の風土と歴史の発する喚起力ではないだろうか、というなんとなく予測できていた認識を確認できたと思えた。それが放つ匂いを感知したと思うこともあった。スランゴスレンは古来から一つの「磁場」に違いなかった。

その日、アイルランドの天気は、いつものように日が差したり小雨が降ってきたりして、旅行者を困らせていた。前日のキルケニー城につづいて、ボリス・ハウスを訪ねる一日だった。キルケニーの町を出て、起伏とカーブの多いアイルランドの田舎道を運転しながら、空模様に一喜一憂するドライブが続いた。それでもバロー川流域の川谷のボリス村に着くころには、それに合わせたかのように、にわかに空に明るさが増して、運転者を有頂天にさせた。緩い上り道の両側に商店が続く。もろい舗装がはがれて、所々に小さな水たまりができて、早くもきらきら光を跳ね返している。

坂道の途中に不意に石の城門があらわれた。高い二基の塔を備えた中央の大門は左右に側門を従えていた。門はどれも堅く閉ざされて、ひたすら防御に徹したいかめしい構えである。不意の来訪者には門前払いを宣告されたも同然だった。先刻の高揚感はいっきに萎んだ。中に入る手掛かりを探していると、右側門の脇に一本の横道が奥に通じているのに気がついた。雨上がりの泥道である。それでも荷車や自動車の出入りが結構あるらしく、浅く深く、太く細く、いくつもの轍が刻まれている。進むにつれて、両側に垣根はあるものの、いちおうの仕切りにすぎなくて、あくまでそこは広大な（と思えた）ボリス・ハウスの敷地の一部、内側であることが理解された。

泥道がいっそうひどいぬかるみになって、足元から目を上げると、農家の納屋、厩、牛舎などに囲まれた、家畜の発する動物特有の臭いが強く鼻をつく中庭にいた。ボリス・ハウスとは関係ない一軒の農家に迷い込んだのかもしれない、それとも代々ボリス・ハウスに仕えてきた農家なのかもしれない、と考えながら、さらに奥に進むと、母屋の前に出た。声をかけると、主婦であろう女性が現れて、訪問者の意向をていねいに聞いてくれた。お屋敷ならこの奥に行けば見られますよ、気にしないで、どうぞ、と、こちらが拍子抜けするくらいあっさりと、申し出を聞き入れてくれたのだった。そして、これから出掛けますけれど、どうぞこのブーツを使ってください、そういうと、ブーツを訪問者の足元において、もう自動車のほうへ歩きだしていた。なんて親切なんだろう、これだからかなわない、「アイルランドのもてなし、アイリッシュ・ホスピタリティ」に思いもかけず出会った困惑に、あわてて礼を一言いうのが精一杯だった。ボリス・ハウスは北国の午後の半逆光の中で、城門のいかめしさを欺くように物静かな佇まいを見せていた。

いつも「現場主義」はこんな風に終わるのだった。スランゴスレン村の牧師とボリス村の農家の主婦の好意に感謝したい。

＊

本書の出版について、国書刊行会に紹介の労を惜しまなかった畏友立石弘道氏に、また終始ひとかたならぬお世話になった同社編集長、礒崎純一氏並びに恩田英子さんに篤く御礼申し上げたい。

また最後になってしまったが、本書は平成一三年度武蔵大学研究出版助成制度の適用を受け、武蔵大学研究叢書九七号（人文叢書二〇号）として出版されたものであることを記して、その援助に深く感謝したい。

平成一四年一月

蛭川久康

注

はじめに

＊1―ディー川（Dee）は、第七章のワーズワスのソネットおよびシィーウォドの詩で分かるように、ラテン語風にディーヴァ（Deva）と表記されることがある。あるいは地元のウェールズ語でディーヴァドーイ（Dyfrdwy）と呼ばれる。ウェールズ語で「神の流れ」を意味する。

＊2―『ハムウッド手稿』（E. M. Bell〔ed.〕, *The Hamwood Papers of the Ladies of Llangollen and Caroline Hamilton*〔Macmillan and Co., London, 1930〕）と呼ばれる本文献は、現在アイルランドのミース州のハムウッド・ハウスが所蔵する。エレナー・バトラーの日記と書簡、およびエレナーの親友だったミセス・ゴダードとセアラ・パンスンビーの親戚だったキャロライン・ハミルトンの手記を中心にした文書。ただし、エレナーが残した日記のうち一七八五年の分の大部分は現在オーモンド文書としてアイルランドのオーモンド家が保管する。

第一章

＊1―レディ・エレナー・バトラーの誕生については特定しがたいのが実情である。一般には一七三九年（頃）とするが、なかには *Dictionary of National Biography*（*DNB*）のように、一七四五年と記述するものもある。また『ハムウッド手稿』は、彼女の墓碑銘（第八章参照）から判断して誕生は一七三九年に相違ないとしている。しかし、墓碑銘に刻まれた没年一八二二年、享年九〇歳に基づけば、生年は一七三二年になってしまう。出生地についても、漠然とアイルランドであった

り（*DNB*）、もう少し特定してキルケニー城とする資料（Doris Grumbach, *The Ladies*, W. W. Norton, 1984）がある一方で、Elizabeth Mavor, *The Ladies of Llangollen*（Penguin Books, 1971）のように、北フランスのカンブレの修道院とするものもある。*The Ladies* は著者がフィクションであると断り書きをしている、いわば「実名小説」であり、エレナー誕生については、難産の末、世継ぎ待望の中での歓迎されざる女児誕生の経緯が語られている。小論では、当時のアイルランドにおけるカトリック教徒に対する制裁が厳しかった社会情勢を考慮したE. Mavor の記述にしたがった。

＊2―エレナーがいつからいつまでカンブレ女子修道院の付属学校で寄宿生活を送ったか、正確には判らない。フランス革命によって同修道院の保存する古文書が亡失したからである。しかしながら、一七六三年から五年間のことであったと思われる。別に一七四八年―五六年とする考えもある。寄宿生の数はいずれの修道院もカトリックの上流階級の女子八名ないし一〇名という少数であった。年齢は一四歳以上、通例二年間の滞在というのが一般的であったが、年齢にも期間にも大きな幅があった。経費は年額約二五ポンドであった。全員が法衣を着用し、生活は修道院長の監督下におかれ、厳格な規律を順守しなければならなかった。エレナーの滞在した女子修道院はサー・トマス・モアの子孫の創建による名門で、とくに高度な教育で世に知られた。

＊3―*Memoirs of Mrs Caroline Hamilton*, National Library of Ireland MS 4811. E. Mavor, *The Ladies of Llangollen*（p. 18）の引用に拠る。

＊4―ドミニック街四〇番とする文献もある。P. Sieveking (ed.), *British Biographical Archive*（K. G. Saur, London, 1984）；マイクロフィッシュ Vol. 179, p.385 参照。

＊5―*The Hamwood Papers*, p. 19.

＊6―同右書、p. 20.

＊7―前掲マイクロフィッシュ、p. 386. この時の失踪について言及する文献は他にない。

＊8―"Tuesday Night", National Library of Ireland Wicklow MS. E. Mavor, 前掲書（p. 25）の引用に拠る。

＊9— *The Hamwood Papers*, p. 28. 以下「出奔」については、断りのない限り、『ハムウッド手稿』(pp. 27–39) および E. Mavor, 同右書 (pp. 26–38) に拠る。

＊10 — *Memoirs of Mrs Caroline Hamilton*. E. Mavor, 同右書 (p. 31) の引用に拠る。

＊11—前掲マイクロフィッシュ (p. 403) では五月一六日、お供した女中の名は Betty Carroll となっている。

＊12—*Account of Journey in Wales Perform'd in May 1778 by Two Fugitive Ladies*. E. Mavor, 前掲書 (pp. 41–44) を参照。

＊13—E. Mavor, 同右書、p. 44.

＊14—ウェールズには同名のカントリー・ハウスがもう一カ所ある。アングルシィー島のメナイ海峡にのぞみ、スランヴァイールP・Gの南A4080沿いである。この居館は同島の名門アングルシィー侯の歴代領主の本拠である。一八世紀の広大・豪華な邸宅で、先祖伝来の家具調度、美術品が異彩を放つなかで、特筆すべきは画家、室内装飾家、舞台装飾家であったR・ウィスラー（一九〇五—四四）のコレクションである。ウィスラーはテート・ギャラリー（現テート・ブリテン）のレストランの装飾やコヴェント・ガーデンの舞台装飾などを手掛けた。一九七六年からナショナル・トラストが管理する。

第II章

＊1— Llanfair P. G. の正式な綴りは Llanfairpwllgwyngllgogerychwyrndrobwllllantysiliogogogoch で、「聖ティシリオ教会の赤い洞窟の傍らにある早瀬に近い白いハシバミの木のそばの祠にある聖マリアの教会」の意。

＊2— George Borrow, *Wild Wales* (John Jones, 1998), pp.41–42.

＊3—Lillan Faderman の著作 *Surpassing the Love of Men* (The Women's Press, 1985) の書名に拠る。

＊4— Mary Granville Delany の Mrs. Dewes 宛の書簡（一七五二年四月）。Sarah Scott, *Millennium Hall* (VIRAGO PRESS, London, 1986) の引用(p. v.) に拠る。以下、断りのない

限り、*Millennium Hall* からの引用。

*5—この点に関してはホガースの版画《残酷の四段階》、《ビール街》、《ジン横町》（いづれも一七五一）がきわめて示唆に富む。また拙文「画家のまなざし——ウィリアム・ホガースにみる社会改良家」（『武蔵大学人文学会雑誌』、第二九巻、第三・四号合併号、一九九八年）は過度の飲酒を中心に道義の退廃と社会改良の動きを考察した。

*6—E. Mavor, 前掲書、p. 85.

*7—Paul Russell, *The Gay 100 ; A Ranking of the Most Influential Gay Men and Lesbians, Past and Present* (A Citadel Press Book, 1995), pp. 44-46.

*8—L. Faderman, *Chloe plus Olivia* (Penguin Books, 1995), p. vii.

*9—L. Faderman, *Surpassing the Love of Men*, 前掲書、p. 17.

第三章

*1—『告白』からの引用は英訳版 *The Collected Writings of Rousseau*, Vol. 5, Edited by C. Kelly, R. D. Masters, and Peter G. Stillman (Dartmouth College, 1995), p. 456 による。なお訳出にあたって、適宜、桑原武夫他訳『告白』（岩波文庫、一九七七）を参照した。『告白』からの他の引用についても同じ。

*2—同右書、p. 458

*3—*The Hamwood Papers*, 第三、四章。

*4—E. Mavor, 前掲書、p. 60.

*5—『新エロイーズ』からの引用は英語版 *The Collected Writings of Rousseau*, Vol. 6. Translated and Annotated by Philip Stewart and Jean Vach(Dartmouth College, 1997), p. 458 による。なお訳出にあたって、適宜、安士正夫訳『新エロイーズ』（岩波文庫、一九九七）を参照した。『新エロイーズ』からの他の引用についても同じ。

*6—Eleanor Butler, Journal (1785. 12. 6. と 12. 2.) Ormonde MS. E.Mavor, 前掲書 (pp. 97-98) の引用に拠る。

*7—スタール夫人（一七六六—一八一七）はフランスのロマン派の先駆となった文学者。革命前後の激

動期にサロンを主宰した社交界の花形。レカミエ夫人はフランス銀行家夫人・パリ社交界の花形。フェダーマン女史は、二人の出会いがあった後のレカミエ夫人の手記、「あの時から私はマダム・デ・スタールのことしか考えられなくなりました」、あるいは同じ頃のスタール夫人の手紙、「友情の愛を越える愛でもってあなたを愛しています」（*Surpassing the Love of Men*, p. 79.）を紹介して、情念の表出の激しさの例証とした。このような文言は、今日から見ればすぐさま同性愛を思わせるが、セクシュアリティに関する観念の時代差は想像を越えて大きい。

*8—Sylvia Harcstark Myers, *The Bluestocking Circle*（Clarendon Press, Oxford, 1990）, pp. 6-9. *O.E.D.* によれば、この語の初出はミセス・モンタギューの一七五七年の書簡である。

*9—同右書、p. 66.

*10—William Kenrick, *Whole Duty of Women*（London, 1753）, pp. 5-17. L. Faderman, 前掲書（p. 88）の引用に拠る。

*11—以下、S. H. Myers, 前掲書（第3章）に拠る。

*12—L. Faderman, *Surpassing the Love of Men*, 前掲書、pp, 126-127.

*13—*D.N.B.*〔Carter, Elizabeth〕の項。

*14—E. Mavor, 前掲書、p. 81. メイヴァーの指摘と同工異曲といえようが、J. Boswell, *The Life of Samuel Johnson*（Everyman's Library, 1992.）に以下のような記述がある。例によってボズウェルがジョンソン博士と交わした会話の一部である。「わたしは朝なかなか起きられないことを話した。するとジョンソン博士はこんな話をしてくれた。『かの博識で知られたミセス・カーターは、勉強に熱中していた頃のことだが、思うように朝早く起床できなくて、一案を思いつき、重い錘を糸に吊るしておき、それが決められた時刻になると、寝室のランプで燃えて、錘が突然すごい音を立てて落ちる仕掛けを考案した。それで苦労せずに起床できたというのだ』」（vol. 2, p. 119）

*15—*D.N.B.*〔Carter, Elizabeth〕の項。

*16—S. H. Myers, 前掲書、p. 63.

*17—E. Mavor, 前掲書、p. 83.

第四章

＊1―日誌には曜日がかならずと言っていいくらい記されているが、不正確さが目につく。例えば日誌が本格化した一七八八年一月の記載では、いずれが誤記なのか分からないが、四日が金曜日でありながら、八日は木曜日といった具合である。以下、日誌からの頻繁な引用は日付のみを本文中に記し、断りのない限り、『ハムウッド手稿』に拠る。

＊2―E. Mavor (ed.), ***A Year with the Ladies of Llangollen*** (Penguin Books, 1986), p. 117.

＊3―同右書、p. 114.

＊4―珍しい名前をもつホテルだが、ウェールズとイングランドの境界地方の町、チャークの近在には、意外にも同名のホテルがいくつかみつかる。スランゴスレンの「ハンド亭」のほかに、チャークとスランナーモン・ダフリン・ケイリオグにある。前者は、スランゴスレンの「ハンド亭」のように、もとロンドン＝ホリヘッド間を結ぶA5沿いにあった宿駅である。後者はスランゴスレンから南へ一五キロほどの、ケイリオグ川沿いの村落にある、一六世紀の農家を改装した小ホテルである。「ハンド亭」の名は、ホテルが、いずれも一六世紀にさかのぼる歴代のチャーク城主、ミドルトン一族の所領内にあることから、同家の紋章に登場する「赤い手」に由来すると考えられる。しかし、「赤い手」といえば、北アイルランドの紋章として広く知られている「アルスターの赤い手」がすぐ思い出される。これは指を上に伸ばして開いた赤い右手を描いた図柄だが、もとを正せば、アルスターの豪族、王家の血筋を誇る五世紀初頭に開祖をもつオニール家のものである。それはともかく、ミドルトン家の「赤い手」には諸説があり、城の相続を巡って一族が二分するお家騒動が起こったとき、内紛に決着をつけるため、たがいに正統な後継者を名乗る二人の若者によって城門までの競走が行われた。しかし、最初に着いた若者が城門に手を伸ばして勝利者となろうとしたとき、もう一人の若者を支持する一味が襲いかかって、その伸ばされた手を刀で切り落とした。このときの血塗られた手が「赤い手」だという。また一説には、ミドルトン家の武将が戦いに斃れ、鎧の外衣にしていた純白のチュニカに残した血まみれの

手形が「赤い手」だという。

＊5—E. Mavor (ed.), *A Year with the Ladies of Llangollen*, 前掲書, p. 117.

＊6—*The Hamwood Papers*, p. 130.

＊7—E. Mavor (ed.), *A Year with the Ladies of Llangollen*, 前掲書, p. 197.

＊8—同右書, p. 140.

＊9—同右書, pp. 123–24.

＊10—同右書, p. 101.

第五章

＊1—この引用をふくめて、以下、頻出する引用は、断りのない限り、『ハムウッド手稿』に拠る。

＊2—E. Mavor, *The Ladies of Llangollen*, 前掲書, pp. 73–74. E. Mavor (ed.), *A Year with Ladies of Llangollen*, 前掲書, p. 135. D. Grumbach, 前掲書, pp. 140–141. を参照。なお『ハムウッド手稿』には収録されていない。

＊3—以下、洋服の新調については D. Grumbach, 同右書, pp. 67–70. に拠る。

＊4—L. Faderman, *Surpassing the Love of Men*, 前掲書, p.436.

＊5—E. Mavor, *The Ladies of Llangollen*, 前掲書, p. 96.

＊6—『ハムウッド手稿』, pp. 257–259. 参照。

＊7—E. Mavor, *The Ladies of Llangollen*, 前掲書, p. 77.

第六章

＊1—以下、頻出する引用は、断りのない限り、『ハムウッド手稿』に拠る。

＊2—J. Cannon & R. Griffiths, *The Oxford Illustrated History of The British Monarchy*, p. 529.

＊3—J・コデショ『フランス革命年代記』（瓜生洋一他訳、日本評論社、一九八九年）、三八頁。以下の革命に関する記述は、主として同書、およびフランソワ・ヒュレ他編『フランス革命事典』全七巻（河野、阪上他監訳、みすず書房、一九九八年）を参照した。

＊4—*The Hamwood Papers*, pp. 235–242.

＊5—同右書、pp. 272–274.

＊6—『フランス革命年代記』、前掲書、p. 70.

第七章

＊1—E. Mavor, *The Ladies of Llangollen*, 前掲書、p. 184.

＊2—『散策』（一八一四年八月出版）に詩人が付した「序言」参照。

＊3—George Mclean Harper, *William Wordsworth, His Life, Works, and Influence* (Russell & Russell, 1960), p. 576.

＊4—*The Prelude ; or, Growth of a Poet's Mind*, Book Sixth, l. 322.

＊5—同右詩、Book Sixth, l. 491.

＊6—Ernest de Selincourt (ed.), *Early Letters of William and Dorothy Wordsworth* (Oxford, Clarendon Press, 1935), Letter 11.

＊7—G. M. Harper, 前掲書、p. 590.

＊8—D. Grumbach, 前掲書、pp. 170–72.

＊9—E. de Selincourt (ed.), *The Letters of William and Dorothy Wordsworth* (Clarendon Press, Oxford, 1939), Letter 719.

＊10—同右書、Letter 720.

＊11—G. M. Harper, 前掲書、p. 404.

＊12—Walter Scott (ed.), *The Poetical Works of Anna Seward ; Extracts from Her Literary Correspondence*, 3 vols (AMS Press), p.xi.

＊13—John Brewer, *The Pleasures of the Imagination* (Farrar Straus Giroux, 1997), p. 575.

＊14—L. Faderman, *Chloe plus Olivia*, 前掲書、pp. 37–43.

＊15—*Letters of Anna Seward* (A.Constable, 1811), Vol. III, pp. 29-30. 以下、頻出する引用は、断りのない限り、本書簡集に拠る。

＊16—シェイクスピアへの言及は、『ハムレット』第一幕第一場の有名な亡霊の場面からの引用で、亡霊が鶏鳴とともに忽然と消えてしまったのを見て、警衛の軍人マーセラスが暗鬱な雰囲気の舞台で発する詩的な台詞。シィーウォドの引用は第一・二つ折り版に拠ったと考えられるものの、かなり恣意的である。全八行を示すと、以下の通り。「鶏

の声を聞くと消えてしまった。／キリストさまのご降誕をお祝いする／季節が近づくと、暁を告げる／あの鳥が一晩じゅう鳴きつづけるという話だ。／そのため妖魔どもは一匹も姿を見せない、／夜の世界が浄められて、星も魔力を投げず、／精霊もわるさをせず、魔女も通力を失う。／それほど、その季節は清らかで神聖なのだという」（三神勲訳）

＊17―J. Brewer, 前掲書、p. 579.

＊18―Samuel Johnson, *Lives of the English Poets* (The World's Classics, 1968), Vol. I, p. 112.

第八章

＊1―*The Hamwood Papers*, p. 343.

＊2―*Letters of Anna Seward*, 前掲書、Vol. IV, p. 313.

＊3―E. Mavor, *The Ladies of Llangollen*, 前掲書、p. 138.

＊4―墓碑銘の全文を採録した資料に Mary Gordon, *The Llangollen Ladies* (1999) がある。巻末に「付録」として、二人の貴婦人とともに収録されている。ただし、なぜか三人の没年・享年はかならずしも墓碑銘に刻まれた通りではない。メアリについては没年月日が一一月二二日（墓碑銘は二九日）、エレナーについては没年が一八二九年（同一八二二年）、セアラについては享年七六歳（同七八歳）となっている。これは墓碑銘の誤記を改正して「付録」としたためと考えられる。本書は現地の墓碑銘に従った。現地に残る墓は風食がはなはだしく、墓碑銘は判読に困難な部分が少なくない。ほかに部分的だが、小冊子 Plas Newydd and the Ladies of Llangollen (Glyndwr District Council, 1988), p. 5. が参考になる。

＊5―E. Mavor (ed.), *A Year with the Ladies of Llangollen*, 前掲書、p. 38.

＊6―E. Mavor, *The Ladies of Llangollen*, 前掲書、p. 70.

＊7―*Letters of Anna Seward*, 前掲書、Vol. VI, p. 223.

＊8―D. Grumbach, 前掲書、p. 183.

＊9―E. Mavor, *The Ladies of Llangollen*, 前掲

書、p.184.

*10—J. G. Lockhart, *The Life of Sir Walter Scott* (Adam & Charles Black, 1896), p. 564.

*11—年齢については明らかにスコットの誤記。正確には八六歳と七〇歳である。

*12—E. Mavor, *The Ladies of Llangollen*, 前掲書、p. 184.

*13—同右書、p. 186.

*14—以下、葬儀については同右書（pp. 189–191）および D. Grumbach, 前掲書、pp. 198–199 に負うところが多い。

*15—E. Mavor, *The Ladies of Llangollen*, 前掲書、p. 191.

*16—*The Hamwood Papers*, pp. 381–2.

*17—同右書、p. 382.

*18—E. Mavor, *The Ladies of Llangollen*, 前掲書、p. 195.

*19—公開時間は復活祭から一〇月の毎日午前一〇時から午後五時まで。入館料大人二ポンド五〇ペンス、子供一ポンド二五ペンス（二〇〇一年現在）。

主要参考文献

ここには、レディ・エレナー・バトラーとミス・セアラ・パンスンビーに直接関係する主要な文献を挙げるにとどめて、本書が扱った事項、小説『千年紀館』、『新エロイーズ』、ブルーストッキング派、フランス革命、アナ・シィーウォド、ウィリアム・ワーズワス、ウォルター・スコットなどに関する参考文献は、すでに右の〔注〕に明示したことによって、繰り返すことを避けた。

（1） E. M. Bell (ed.), *The Hamwood Papers of the Ladies of Llangollen and Caroline Hamilton* (Macmillan and Co., London, 1930). 第一次資料として、もっとも基本的かつ重要。原本はアイルランドのミース州のハムウッド・ハウスが所蔵する。本書では『ハムウッド手稿』と表記した。

(2) Elizabeth Owens Casey, *Illustrious Irishwomen; from the earliest ages to the present century*, 2 vols. (London, 1877).

(3) A. J. Webb, *A Compendium of Irish Biography comprising sketches of distinguished Irishwomen* (Dublin, 1878). マイクロフィッシュ版。

(4) Paul Sieveking (ed.), *British Biographical Archive* (K. G. Saur, London, 1984), Vol. 179, pp. 383-439. 右記（1）、（2）その他を資料にしたマイクロフィッシュ版。

(5) C. J. Hamilton, *Notable Irishwomen* (Dublin, 1904). マイクロフィッシュ版。

(6) Elizabeth Mavor, *The Ladies of Llangollen* (Penguin Books, 1971).（1）と並んで、二人の貴婦人に関する基本文献。信頼できる伝記。

(7) ―――― (ed.), *A Year with the Ladies of Llangollen* (Penguin Books, 1986).『ハムウッド手稿』を中心に、セアラ・パンスンビーの書簡その他を加えた文献。（1）、（6）に漏れた一次資料をふくむ、（6）とともに貴重な文献。一七八四年から一八二五年にいたる資料を月別にまとめた点が特徴。二人の貴婦人の交際相手を含めた主要登場人物紹介、プラース・ネウイズ付近の地図その他を所載。

(8) Doris Grumbach, *The Ladies* (W.W.Norton, 1984). 著者自ら断っているように「虚構の要素をもつ伝記」である。

(9) Mary Gordon, *The Chase of Wild Goose; The Story of Lady Eleanor Butler and Miss Sarah Ponsonby* (1936)『ハムウッド手稿』を主資料にした、小説的構成をもつ伝記。なお同書は *The Llangollen Ladies* (John Jones Publishing Ltd., 1999) と改題、出版された。著者はイギリスにおける女医の草分け的存在。

(10) M. Graham, *These Lovers Fled Away* (Banned Books, Edward-William).

(11) *Plas Newydd and the Ladies of Llangollen* (Glyndwr District Council, 1980). プラース・ネウイズのガイドブックとして作られた小冊子。カラー図版あり。

(12) Lillian Faderman, *Surpassing the Love of Men* (The Women's Press, 1985). ルネッサンスから現代にいたる「ロマンティックな友情」と女性間の愛に関する研究。有益な示唆に富む。

(13) ――――, *Chloe Plus Olivia, Anthology*

of Lesbian Literature from the 17th Century to the Present (Penguin Books, 1995).

(14) Paul Russell, *The Gay 100 ; A Ranking of the Most Influential Gay Men and Lesbians, past and present* (A Citadel Press Book, 1995). 米塚真治訳『ゲイ文化の主役たち』(青土社、一九九七)。

(15) *Gentleman's Magazine*, Vol. 99, pt. 2 (August, 1829). と Vol. 102, pt. 1 (March, 1832). 二人の貴婦人の追悼記事を掲載。

(16) *Dictionay of National Biography* 〔Butler, Lady Eleanor〕と〔Ponsonby, Sarah〕の項。

索　引

索引は本文のみを対象とした。二人の貴婦人については、とくに生没年を記し、下位項目を設けた。小説などの著作はその作者の項目にふくめた。

ア行

アプルヤード氏（本屋）Appleyard, Mr. 114
アボッツフォード Abbotsford 187, 189
アン女王 Queen Anne 19
アンドルー，シャーロット Andrew, Charlotte 200
イストッド，ミス Istod, Miss. (Oteley Park) 101, 106
イニスティーグ Inistiogue 23, 38
ウァラル，ミセス（食料雑貨屋） Worrall, Mrs. 113
ヴァレ・クルーシス修道院 Valle Crucis Abbey 43, 169
ヴァレンヌ Varennes 151, 153
ヴィージィ，エリザベス Vesey, Elizabeth 74
ウィリアム３世 William III 18
ウィリス，フランシィス Willis, Dr. Francis 139, 142, 143
ウィン氏（事務弁護士）Wynne, Mr. 112, 114
ウェズリー，アーサー（ウェリントン卿） Wellesley, Arthur, 1st Duke of Wellington 109, 110, 195
ウェッジウッド，ジョサイア Wedgwood, Josiah 110
ヴェルサイユ Versailles 147, 148, 149
ウォーターフォード Waterford 30, 31, 36
ヴォーン，ミス Vaughan, Miss. (Oteley Park) 101, 103, 106
ウォルストンクラーフト，メアリ Wollstonecraft, Mary 59, 76
　『女権の擁護』*A Vindication of the Rights of Women* 76
ウォルポール，ホラス Walpole, Horace 48
ウッドストック（ハウス）Woodstock (House) 21, 23, 24, 25, 26, 29, 30, 31, 34, 35, 36, 38, 88, 96, 106, 115
エダウズ氏（本屋）Eddowes, Mr. 114
エッジワース，マライア Edgeworth, Maria 187
エッジワース，リチャード・ラヴェル Edgeworth, Richard Lovell 167
『エディンバラ・レヴュー』*Edinburgh Review* 166
エドワーズ氏（ハンド亭主人）Edwards, Mr. 99, 100, 111, 112, 115, 124, 126, 140, 143, 184
エピクテトス Epictetus 82, 83
エリセッグ・ピラー Eliseg's Pillar 43
オースティン，ジェイン Austen, Jane 29, 190
オーピ Opie, John 104

カ行

カーター,エリザベス Carter, Elizabeth 63, 72, 74, 77, 80, 81, 82, 83, 84, 85, 86, 100
カザミヤン,ルイ Cazamian, Louis 12
『大英国——歴史と風景』*La Grande-Bretague* 12
カンブレ Cambrei 17, 20, 29, 62, 147
キナストン家 Kynastons, the (Hardwick Hall) 103, 104, 108
キャヴァナ Kavanagh, Morgan 20, 31, 33
ギャリック,デイヴィッド Garrick, David 164
ギャリリッケン(ハウス) Garryricken (House) 17, 20, 23
キャリル,メアリ Carryll, Mary 28, 30, 34, 35, 36, 114, 115, 134, 174, 182, 183, 184, 185, 194, 199
キャロライン夫人 Hamilton, Caroline 35, 192, 196
キャンベル,ジェマイマ Campbell, Jemima 78, 80
ギリアン(愛猫) Gillian 117
キルケニー(城) Kilkenny (Castle) 17, 19, 20, 21, 23, 24, 29, 30, 88, 90, 96
ギルピン,ウィリアム Gilpin, William 12, 96
グウェンドーレン(女中) Gwendolen 116
グリータ・ホール Greta Hall 162
クルー氏(医者) Crewe, Mr. 113
グルンバッハ,ドリス Grumbach, Doris 25, 159, 189
『二人の貴婦人』*The Ladies* 25, 133
グレイ,トマス Gray, Thomas 89
「田舎の墓地で詠んだ挽歌」'Elegy written in a Country Churchyard' 89
グレンダウアー,オウエン Glendower, Owen 177, 178
グローリ(飼い牛) Glory 117
ケイヴ,エドワード Cave, Edward 80, 83
ケリー,ミセス Kerry, Mrs. 99
コールリッジ Coleridge, Samuel Taylor 14, 162, 163
ゴダード夫人 Goddard, Lucy 30, 31, 32, 33, 34, 35, 36, 38, 58, 91, 106, 185
コロートン・ホール Coleorton Hall 161, 162
コンスタブル,ジョン Constable, John 161

サ行

サイモン(庭師) Simon 116
サウジー,ロバート Southey, Robert 110, 166
サッフォ(愛犬) Sapho 117
サンドフォード氏(本屋) Sandford, Mr. 114
シィーウォド,アナ Seward, Anna (Swan of Lichfield) 15, 110, 163, 164, 166, 167, 168, 169, 170, 171, 172, 174, 175, 176, 177, 178, 182, 185, 186, 194
『アナ・シィーウォド書簡集』*Letters of Anna Seward* 166, 173
『回想、E・ダーウィン』*Memoirs of the Life of Dr.Darwin* 166
『キャプテン・クックに寄せる哀歌』*Elegy on Captain Cook* 164
『スランゴスレンの渓谷』*Vale of Llangollen* 177
『メージャー・アンドレの死に寄せる追悼の歌』*Monody on the Death of Major André* 164

『ルイーザ』*Louisa*　164
ジェイムズ２世 James II　18, 19
シェーンストーン,ウィリアム Shenstone, William　96
『造園断想』*Unconnected Thoughts on Gardening*　96
シェリダン,リチャード Sheridan, Richard　110
『ジェントルマンズ・マガジン』*Gentleman's Magazine*　80, 83, 84, 85, 164, 193, 194, 196, 197
シップレー,ジョナサン Shipley, Jonathan (Bishop of St. Asaph)　102, 106
シップレー,ルイーザ Shipley, Miss. Louisa　102
ジプシー（愛犬）Gypsey　117
若王位僭称者 the Young Pretender (Bonnie Prince Charlie, Charles Edward Stuart)　19
シャポーン,ヘスター　Chapone, Hester　74
ジャルナック侯爵 Jarnac, Comte de　148, 149, 151
シャンブル（会計士）Chambre, Mr.　113
ジョージ１世 George I　19
ジョージ３世 George III　15, 100, 138, 139, 140, 141, 142, 143, 144, 148, 164, 183
ジョージ４世 George IV　186, 190, 200
ジョーンズ（薬屋）Jones, Mr. Thomas　113
ジョーンズ,ウィリアム（庭師）Jones, William　116
ジョーンズ,ジョン Jones, John　199
ジョーンズ,モーゼズ（庭師）　Jones, Moses　116
ジョーンズ,モリ（女中）Jones, Molly　116
ジョーンズ,ロバート Jones, Robert　154, 156, 157, 159
ジョンソン,サミュエル Johnson, Samuel (Dr. Johnson)　12, 62, 75, 83, 84, 164, 166, 175, 176, 186
『英国詩人伝』*The Lives of the English Poets*　176
『ランブラー』*The Rambler*　84
スウィフト Swift, Jonathan　187
スコット,ウォルター Scott, Walter　16, 110, 166, 185, 187, 190, 191
スコット,セアラ Scott, Sarah　47, 48, 49, 53, 67, 74
『コーネリア物語』*The History of Cornelia*　48
『シィオドーア・アグリッパ・ドービネの生涯』*The Life of Theodore Agripa D'Aubigné*　48
『千年紀館』*Millennium Hall*　15, 47, 48, 52, 56, 57, 59, 67
スターン,ローレンス Sterne, Laurence　91, 94
ステイプルズ,ロバート Staples, Robert　21
スティリングフリート,ベンジャミン Stillingfleet, Benjamin　73
スニード,オノーラ Sneyd, Honora (Mrs. Lovell Edgeworth)　166, 167, 168, 170
スペンサー,エドマンド Spenser, Edmund　175
スランゴスレン Llangollen　11, 13, 14, 15, 16, 38, 40, 41, 42, 43, 88, 90, 92, 98, 102, 104, 108, 116, 118, 127, 130, 132, 148, 152, 154, 155, 156, 160, 168, 169, 172, 173, 174, 175, 177, 178, 179, 187, 189, 193, 194, 197, 199, 201
スレイル夫人（のちピオッツィ夫人）

Thrale, Hester (Mrs. Piozzi) 62, 74, 110, 136, 166, 185
聖コレン教会 St. Collen's Church 41, 183, 194
セヴィニェ夫人 Sévigné, Madame de 94
セッカー師, トマス Secker, Revd. Thomas 78, 80, 81, 82, 83, 84
『ゼネラル・イーヴニング・ポスト』 *General Evening Post* 127, 133, 135, 194
「選挙法改正法」 Reform Act 196
『セント・ジェイムズ・クロニクル』 *St. Jame's Chronicle* 138, 140

タ・ナ行

ダーウィン, エラズマス Darwin, Erasmus 164, 167, 186
ダーウィン, チャールズ Darwin, Charles 164
ターナー氏(薬屋) Turner, Mr. 113
ダール, マイクル Dahl, Michael 18
タイ, ウィリアム Tighe, William 28, 106, 109
タイ, セアラ Tighe, Sarah 28, 31, 58, 106, 181, 185, 186, 192
タイ, ハリー Tighe, Harry 26
ダヴ・コテッジ Dove Cottage 161
タターズ(愛猫) Tatters 117
ダン(仕立屋) Donnes 114
タンカーヴィル伯爵 Tankerville, 7th Earl of 201
ダンガノン夫人 Dungannon, Viscountess (Brynkinalt Hall) 91, 106, 108, 110, 117
チャーク(城) Chirk (Castle) 14, 16, 99, 104, 161
チャールズ1世 Charles I 105
チャールズ2世 Charles II 18
デイヴィッド(粉挽き) David 113, 124
ディナス・ブラン城 Castle Dinas Bran 43, 153, 177
デラニ, メアリ Delany, Mary 100
トールボット師, エドワード Talbot, Revd. Edward 78, 84
トールボット, キャサリン Talbot, Catherine 72, 74, 77, 78, 80, 81, 82, 83, 84, 85, 86
トマス(愛猫) Thomas 117
ネッケル, ジャック Necker, Jacques 148

ハ行

バーカー, メアリ Barker, Mary 21
パーカー, メアリ(のちレディ・レイトン) Parker, Mary (Lady Leighton) 129, 130, 191
バーク, エドマンド Burke, Edmund 110, 134, 135
パーク, ミス Parke, Miss. 21, 23, 24, 25
パークス夫妻 Parks, Mr. & Mrs. 99, 113, 183
ハーシェル博士 Herschel, Friedrich Wilhelm 119, 120
バース Bath 48, 84, 91, 99, 101, 108, 119, 135, 139, 142, 146, 152, 164
バーニー, ファニー(のちマダム・ダーブレイ) Burney, Fanny (Madame d'Arblay) 74, 100
ハーパー, ジョージ・マックリーン Harper, George Mclean 156, 163
パウエル(庭師) Powell 116
バウドラー, ヘンリエッタ Bowdler, Miss Henrietta Maria 91, 105, 108, 109, 117, 119, 139, 141, 142, 146, 147
バスティーユ Bastille, the 146, 148
ハズリット, ウィリアム Hazlitt, William

abeth 21, 24, 25, 26, 28, 30, 31, 32, 34, 35, 36, 38, 106
フィリス（愛犬）Phillis 117
フィリップス，ヘンリー Philips, Henry 96
フェダーマン，リリアン Faderman, Lilian 58, 60, 72, 80, 85, 86, 132, 167
『男性の愛を越えて』*Surpassing the Love of Men* 58, 60
フェミニズム feminism 28, 75, 77
プラース・ネウィズ Plas Newydd 12, 13, 16, 39, 42, 43, 45, 66, 86, 92, 95, 96, 98, 101, 102, 103, 110, 111, 112, 115, 120, 124, 128, 129, 133, 134, 139, 149, 155, 156, 159, 163, 169, 170, 175, 177, 179, 180, 181, 184, 186, 189, 191, 192, 193, 194, 199, 200, 201
フラート（愛犬）Flirt 116, 117
プライス，ユーヴデイル Price, Uvedale 96
『ピクチャレスク論』*The Picturesque* 96
ブランディ（愛猫）Brandy 117
フリスク（愛犬）Frisk 30, 31
ブリッジマン，レディ Bridgeman, Lady 91, 108
プリムローズ（飼い牛）Primrose 117
ブルーストッキング派 Bluestockings 15, 47, 48, 63, 73, 74, 75, 76, 77, 85, 86, 100, 190, 191, 197
プルタルコス Plutarch 25
『英雄伝』*Parallel Lives ofIllustrious Greeks and Romans* 25
ベイコン，フランシス Bacon, Francis 97, 98
「庭園について」'Of Gardens' 97, 98
ベイリス氏（大工・室内装飾人）Baillis, Mr. 113, 114
ペギーン（手伝い人）Peggeen 116
ベス（愛犬）Bess 117
ヘスキース氏（酒屋）Hesketh, Mr. 114
ペナント，トマス Pennant, Thomas 12
ヘンリー1世 Henry I 18
ヘンリー4世 Henry IV 177, 178
ボイン川の合戦 the Battle of Boyne 19
ポープ Pope, Alexander 74
ボーモント，ジョージ Beaumont, George 160, 161, 162, 163
ボーモント，フランシス Beaumont, Francis 161
ボズウェル，ジェイムズ Boswell, James 164
ボリス（ハウス）Borris (House) 31, 33, 34
ホリデイ（美容師）Holiday 114
ボロー，ジョージ Borrow, George 12, 41, 178, 199
『荒涼のウェールズ』*Wild Wales* 42, 178, 199

マ行

マーガレット（雌牛）Margaret 89, 117
マイヤーズ，シィルヴィア・ハークスターク Myers, Sylvia Harcstark 80, 81, 85, 86
『ブルーストッキング派』*The Bluestocking Circle* 80
マフ（愛猫）Muff 117
マリー・アントワネット Marie-Antoinette 100, 152, 153
ミットン家 Myttons, the (Halston Hall) 102, 104, 106
ミドルトン家 Myddletons, the (Chirk Castle) 105
ミルトン Milton, John 164, 175, 176

「快活の人」'L'Allegro' 164, 175, 176,
「沈思の人」'Il Penseroso' 176
「リシダス」'Lycidas' 176
ミルフォード・ヘイヴン Milford Haven 38
メアリー2世 Mary II 18
メイヴァー,エリザベス Mavor, Elizabeth 45, 47, 57, 58, 86, 129, 132, 133, 182, 190, 200
『スランゴスレンの貴婦人』*The Ladies of Llangollen* 45
モア,ハナ More, Hannah 74
モンタギュー,エリザベス Montagu, Elizabeth 48, 73, 74, 100
モンタギュー,バーバラ Montagu, Barbara 47, 48, 49, 53
モンマス公 James Scott, Duke of Monmonth 18

ラ・ワ行

「ライアン亭」Lyon Inn 99, 100, 102, 113, 148, 183
ライダル・マウント Rydal Mount 156, 157, 160, 162
ライト,トマス Wright, Thomas 78, 80
ラッセル,ポール Russell, Paul 59, 60
『ゲイ・100人』*The Gay 100 : A Ranking of the Most Influential Gay Men and Lesbians, Past and Present* 59
ラ・ファイエット侯 La Fayette, Marquis de 149, 150, 152
リチャード（庭師）Richard 92, 116
リチャード2世 Richard II 178
リチャードソン,サミュエル Richardson, Samuel 25, 94
『クラリッサ』*Clarissa* 25
『パメラ』*Pamela* 25, 28
リッチフィールド Lichfield 164, 169, 172, 173, 185
リュック夫妻 Luc, Mr. & Mrs. Jean André de 100, 101, 120, 142, 143
リンダ（飼い牛）Linda 117
リンチ, J. H. Lynch, J. H. 130
ルイ16世 Louis XVI 100, 101, 147, 149, 151, 152, 153
ルイ18世 Louis XVIII 190
ルヴァスール,テレーゼ Levasseur, Thérése 120
ルソー,ジャン=ジャック Rousseau, Jean-Jacques 15, 29, 63, 64, 67, 72, 94, 120, 121
『告白』*Les Confessions* 63, 64
『新エロイーズ』*La Nouvell Héloise* 13, 15, 29, 63, 64, 66, 67, 68, 86
レノルズ,ジョシュア Reynolds, Joshua 161
レイン, R.J. Lane, R.J. 129
レズビアニズム lesbianism 11, 59, 60, 61, 76, 77, 85, 128, 136
ロイド氏 Lloyd, Mr. 104, 106
ローヴァー（愛犬）Rover 117
ローザ,サルヴァトーレ Rosa, Salvator 12
ロックハート,ジョン Lockhart, John 187
『伝記』*Memoirs of the Life of Sir Walter Scott* 187
ロバートソン, G.H. Robertson, G.H. 201
ロビンズ,ジョージ Robins, George 200
ロマンティックな友情 Romantic Friendship 11, 32, 45, 47, 48, 51, 52, 56, 57, 58, 59, 60, 61, 67, 69, 70, 72, 85, 86, 137, 167
ロムニー,ジョージ Romney, George

166
ロラン,クロード Lorraine, Claude 12
ロリー,アメーリア Lolly, Amelia 200
ワーズワス,ウィリアム Wordsworth, William 15, 110, 154, 156, 157, 159, 160, 161, 162, 163
『序曲』 *The Prelude* 157
『全詩集』 *Poems* 160, 162
『風景小品集』 *Descriptive Sketches* 157
『レディ・エレナー・バトラーと高貴なミス・パンスンビーに捧げる一首。スランゴスレン、プラース・ネウィズの庭で詠む』 *To Lady Eleanor Butler and the Honarable Miss. Sarah Ponsondy, in the grounds of Plas Newydd, Llangollen* 155
ワーズワス,ドーラ Wordsworth, Dora 154, 159
ワーズワス,ドロシー Wordsworth, Dorothy 154, 157, 160, 163
ワーズワス,メアリ Wordsworth, Mary 154, 159

著者略歴
蛭川久康（ひるかわ　ひさやす）
1931年東京生まれ。
東京大学教養学部教養学科イギリス科卒。
現在、武蔵大学教授（英文学・イギリス文化史）。
主要著書
『ジェイン・オースティン』（英潮社、1977）
『アイリス・マードック』（冬樹社、1979）
『バースの肖像』（研究社、1990）
『イギリス文学地名事典』（編著、研究社出版、1992）
『トマス・クックの肖像——社会改良と近代ツーリズムの父』（丸善、1998）ほか。
主要訳書
アンタル『ホガース——ヨーロッパ美術に占める位置』（共訳、英潮社、1975）
ペヴスナー『英国美術の英国性』（共訳、岩崎美術社、1981）
マードック『海よ、海』（集英社、1982）
『本をめぐる輪舞の果てに』（みすず書房、1992）
マーシュ『ラファエル前派の女たち』（平凡社、1997）ほか。

スランゴスレン村《むら》の貴婦人《きふじん》
——隠棲《いんせい》する女同士《おんなどうし》の風景《ふうけい》——

2002年2月22日初版第1刷印刷
2002年2月28日初版第1刷発行

著者　蛭川久康

装幀　柳川貴代

発行者　佐藤今朝夫
発行所　株式会社国書刊行会
東京都板橋区志村1-13-15　郵便番号174-0056
電話　03-5970-7421　FAX　03-5970-7427
http://www.kokusho.co.jp

印刷所　明和印刷株式会社
製本所　（有）青木製本
ISBN4-336-04319-1　